城镇化背景下
农村土地资源的保护与利用研究

王亮 著

吉林大学出版社

·长春·

图书在版编目（ＣＩＰ）数据

城镇化背景下农村土地资源的保护与利用研究／王
亮著.—长春：吉林大学出版社，2021.10
ISBN 978-7-5692-8923-7

Ⅰ.①城… Ⅱ.①王… Ⅲ.①农村—土地资源—资源
保护—中国②农村—土地资源—资源利用—中国 Ⅳ.
①F323.211

中国版本图书馆CIP数据核字（2021）第234435号

书　　名	城镇化背景下农村土地资源的保护与利用研究	
	CHENGZHENHUA BEIJING XIA NONGCUN TUDI ZIYUAN DE BAOHU	
	YU LIYONG YANJIU	
作　者	王　亮　著	
策划编辑	张文涛	
责任编辑	樊俊恒	
责任校对	王　蕾	
装帧设计	崔　蕾	
出版发行	吉林大学出版社	
社　　址	长春市人民大街4059号	
邮政编码	130021	
发行电话	0431-89580028/29/21	
网　　址	http://www.jlup.com.cn	
电子邮箱	jldxcbs@sina.com	
印　　刷	三河市德贤弘印务有限公司	
开　　本	787mm×1092mm　1/16	
印　　张	11	
字　　数	175千字	
版　　次	2022年4月　第1版	
印　　次	2022年4月　第1次	
书　　号	ISBN 978-7-5692-8923-7	
定　　价	72.00元	

前　言

自从人类开始种植与定居，就有了土地这一概念，但都是一种朴素的、模糊的概念，仅仅是作为农业生产资料和人类居住的空间来加以考虑的。自17世纪开始，资本主义生产力的发展大大促进了自然科学的蓬勃发展，但因土地科学领域涉及的方面太宽，内容太综合，以及当时社会需求的迫切性，加之受相应学科研究和发展条件的限制，因而没有可能深入地触及土地学科。随着改革开放进程的加快，尤其是受地区经济增长的迫切要求，给土地利用和管理带来了新的问题。例如，20世纪90年代初，受过度追求招商引资"筑巢引凤"观念的影响，一些地方在局部和短期利益的驱使下，不顾主客观实际，出现了"土地开发热"，盲目占地造成耕地资源的极大浪费，有的地方甚至提出"保护耕地就是保护落后"的错误口号。如何破解中国的土地问题，需要深入研究，对症下药，因此必须有新的思路、新的队伍，全面开展土地问题研究。土地能否高效合理利用，耕地能否得到严格保护，不仅关系到农业基础地位能否巩固和经济能否协调健康发展，更关系到中华民族的生存和发展。因此，土地问题引起了党中央、国务院的高度重视，也促进了土地科学研究理论和实践工作不断深入地开展。鉴于此，笔者在参阅大量相关著作文献的基础上，精心策划并撰写了本书。

本书共有八章。第一章作为全书的开篇，首先对中国城镇化的相关知识进行了分析，如中国城镇化的印象与思考、战略目标与路径、发展前景、人地关系转型。第二章探讨了农村土地资源保护与利用，包括农村土地的概念、农村土地资源保护与利用的理论、原则，以及当前加强农村土地资源利用的策略。第三章分析了城镇化背景下农村土地资源管理。第四章研究了城镇化背景下农村土地资源开发与整治，涉及农村土地资源开发、土地整治促进农业现代化发展的区域差异分析。第五章探讨了城镇化背景下农村土地流转市场的构建。第六章分析了城镇化背景下农村土地整理的知识。第七章分析了城镇化背景下农村土地资源保护与利用的法律视角。第八章为本书的最后一章，研究了城镇化背景下农村土地资源的合理利用，如农村耕地保护、农村集体建设用地管理、农村宅基地管理、农村土地健康利用时空格局及其影响因素分析、城镇化背景下土地集约利用的标准化实践与探索。

本书试图在剖析农村土地资源利用与管理实践中的问题的基础上，探索存在问题的根源和解决问题的途径。希望本书给热衷于农村土地资源保护与管理的读者提供一些思路和研究问题的方向。

在撰写本书时，笔者得到了很多同行学者的大力帮助与支持，同时也借鉴了一些相关人士的理论研究成果，在此一并表示感谢。由于笔者理论水平有限，书中难免存在不足之处，望广大读者给予指正，并提出宝贵意见，以便日后修改完善。

王　亮

2021年8月

目　录

第一章　绪论

改革开放以来，中国城镇化取得了举世瞩目的巨大成就，城镇化率从1978年的17.92%上升到2019年的60.60%，已经从一个农民占大多数的"乡土中国"转型成为一个半城半乡的"城乡中国"。城镇化的本质是农民变市民、农用地转为城市建设用地，进而城市规模不断扩张的过程，理想状态下的城镇化是人口城镇化与土地城镇化的同步过程。

第一节　中国城镇化印象与思考

一、中国城镇化印象

（一）深圳——新兴城市的城镇化

如果不是当地人或是亲历建设过程者，对于眼前这座楼宇林立、街道宽敞、商铺繁华、绿树成荫、地铁、高铁成网的现代化城市，谁也想不到它在30多年前只是一个在地图上也找不到的渔火薄田的南国边陲小镇，它就是深圳。2011年，深圳市生产总值突破1.1万亿元，是20年前的25.8倍。深圳是中国新兴城市城镇化的缩影。

（二）北京——历史名城的城镇化

中华人民共和国成立后，北京被定为中华人民共和国的首都，迅速恢复和发展起来。北京城镇化发展经历了四个阶段：第一阶段为迅速发展阶段（1949—1957年）；第二阶段为剧烈波动阶段（1958—1965年）；第三阶段为停滞阶段（1966—1978年）；第四阶段为恢复与高速发展阶段（1979年以来）。

（三）苏南——区域的城镇化

苏南即苏锡常一带的区域。目前，这一区域是中国经济发展和城镇化水平较高的地区。苏南的城镇化发展是与改革开放后乡镇企业的发展分不开的。苏南地区在政府的引导下，借力于集体经济组织，大力发展乡镇企业。乡镇企业的发展产生了产业和人口的聚集效应，不仅大批农业人口聚集到小城镇，而且也促进了苏南经济结构的飞跃。乡镇企业和小城镇的发展为苏南现代工业和现代城市的扩张奠定了坚实的基础，实现了城乡一体化发展；现在苏南已分不清哪是城镇、哪是乡村了，这正是我们所说的区域城镇化。

二、中国城镇化思考

国际上把伴随着工业化产生的农村人口向城镇转移的问题表述为城市化。中国的学者和政府却最终选择了用"城镇化"这个概念代替了"城市化"。

根据城镇化概念，我们可以自然而然地发现，中国的城镇化有如下基本特色：以人为本，多元形态，"四化同步"。

（1）以人为本。社会主义中国以提高人的物质文化生活水平作为出发点和归宿，这一宗旨体现在城镇化发展的全过程之中。因而，它也成为衡量城镇化发展好坏的最终标准。

（2）多元形态。已经发展起来的出现了一些"城市病"的大城市和超大城市，不可能硬性肢解它。但根据发达国家的经验，它们可以通过城市群（城市圈）或建立卫星城镇的模式予以缓解或克服"城市病"。那些正致力于发展为特大城市的城市，就要预先制定科学的城镇化规划，在不降低大城市的规模经济水平和集聚经济能力的同时，避免不利于提高人们生活幸福指数的"城市病"的出现。从多层次发展方面来看，中国特色的城镇化也体现出大城市、中小城市、镇、村几个层次协调努力发展，共同推进中国城镇化发展的特色。宜大则大，宜小则小，宜现代化则现代化，宜古朴则古朴。比如深圳，就从一个小渔村发展为一个现代化的大城市。但是像安徽省黄山市的宏村等，保留明清的古朴形态，传承徽派建筑的特色，提高居民的生活质量，展示了实现城镇化的又一种较好途径。

由于产业和人口的集聚，部分小城镇渐次发展成为中等城市和大城市；由于受大城市交通拥挤、空气污染严重、声音的嘈杂等问题的影响，富裕阶层的居民和高精尖的加工及服务产业由城市中心向郊区或卫星镇外逸（有人称之为"城中塌陷"或"逆城市化"）；小城镇和独特的农村社区质量层次升级，像德国的小城镇模式就大受国民欢迎。大城市或超大城市的发展，只是一个阶段性的成果，并且这种成果将随着人们福利化生活水平的提高而从发展的极点走向逆转，这表明城镇化归根到底要受人们"幸福生活标准"的约束。

（3）"四化同步"。"四化同步"既是国家的基本要求，也是经济社会发展的基本趋势。它体现为工业化、信息化、城镇化和农业现代化作为一个整体系统互动、协调发展。

三、总体评价

（一）区域差距在缩小

中国东、中、西部的城镇化发展还呈现出梯度发展的现象。为消除城镇化发展的不平衡，2008年以来，国务院批复的区域规划就有十几个。其中较多定位于中西部地区的城市圈，包括广西北部湾、长株潭、关中—天水、皖江城市带、成渝经济区等。现在，中西部的经济发展速度和城镇化推进的速度已出现快于东部的势头，区域城镇化均衡发展的态势将会来临。

（二）城镇正在为新生代农民工留下来创造条件

伴随城镇化进程的加快，中国正在由传统农业向现代农业艰难转型。农业需要的劳动力越来越少，新生代农民工多数融入了城镇生活，不愿返乡务农。这需要中国在城镇化过程中为他们提供更合适的就业岗位和买得起的住房。国家的就业规划和经济适用房、廉租房的建设，正在为他们继续留在城镇创造条件,当然这不可能一蹴而就。

(三)正在逐步地接近人们期望的目标

人们希望通过城镇化的发展改变传统的生产方式和生活方式,过上安居乐业、幸福康乐的生活,即中国提出的"全面小康"。现在中国的农村基本实现了农民以前向往的"电灯电话,楼上楼下;良种化,机械化",农民生活基本达到小康。中国的城镇基本上实现了城镇建设现代化、就业稳定化、综合服务功能系统化。全国社会稳定,经济发展,文化繁荣,生活幸福指数逐步提高。城镇化正趋向与工业化、信息化和农业现代化同步发展,中国正在稳步地迈向目标。

第二节 中国城镇化的战略目标与路径

一、中国城镇化的战略目标

自改革开放启动中国城镇化进程以来,中国城镇化水平得到较大提升,1978年城镇化率为17.92%,2012年迅速攀升至52.6%,城市人口已经在总量上超过农村人口,农民逐步进入城市社会成为市民。这是中国经济社会发展的巨大进步,对于当前乃至未来的中国发展必将产生深远的影响。

城镇化是人类社会发展的客观规律,也是一个国家现代化的必由之路和重要标志,更是满足人民对美好未来生活向往的内在要求、扩大内需、补齐软硬件短板弱项的重要抓手。经过新中国70多年尤其是改革开放40多年的快速发展,中国的城镇化与工业化、信息化和农业现代化协同推进,已经进入快速发展新阶段,城市空间格局加速演进,都市圈建设取得成效,特大镇设市有了突破，城乡融合发展提到国家战略实施层面。2019年末，我国常住人口城镇化率达到60.6%，比2015年提高4.5个百分点，1亿左右农业转移人口和其他常住人口在城镇落户目标取得决定性进展，各地取消了农业户口与非农业户口之分，统一登记为居民户口，延续半个多世纪的"农转非"彻底退出历史舞台。目前，全国31个省（自治区、直辖市）全部实施居住证制度，以居住证为载体的城镇基本公共服务提供机制基本建立。到2025年，预计城镇化将达到65%，在全面建设社会主义现代化国家的征途上迈出坚实步伐。

二、中国城镇化的战略路径

（一）构建"多元、多极、网络化"的国家城镇空间新格局

近年来，中国不断推进城镇化进程，与世界上的其他国家相比，其规模和速度均处于领先水平。但随着城镇化的快速发展，城市蔓延，不断向郊区扩展，国土空间面临越来越大的压力。过快的城镇化速度带来了经济粗放型发展及土地的低效使用。此外，相关城市之间的联系逐步加强，通过协调可以使城市之间形成优势互补，构建"多元、多极、网络化"的国家城镇空间新格局以此促进城镇化的快速和稳定发展。

（二）积极稳妥推进城镇化，提高城镇化水平和质量

1.有序推进农业转移人口市民化进程

对暂时不具备在城镇落户条件的农民工，要注意从以下几个方面改善公共服务，加强权益保护。一是子女上学方面。由于户籍问题，进城农民工的子女在学习等方面难以获得公平的机会，因此国家要以流入地全日制公办中小学为主，保证农民工随迁子女平等接受义务教育，并做好与高中阶段教育的衔接。二是社会保障方面。总体来说，农民工参加社会保险的比率偏低，因此要将与企业建立稳定劳动关系的农民工纳入城镇职工基本养老和医

疗保险体系。三是劳动就业方面。要想实现农业转移人口真正融入城市生活中，解决劳动就业问题是很关键的环节。应建立统一开放、竞争有序的劳动力市场，实施建立农民工基本培训补贴制度，推进农民工培训资金省级统筹。四是住房租购方面。居住环境是农民工最基本的生活保障，面对高昂的房价，农民进城面临最大的难题就是住房问题。多渠道多形式改善农民工居住条件，鼓励采取多种方式将符合条件的农民工纳入城镇住房保障体系。

2.逐步提升城镇综合承载能力

"城中村"是中国城镇化进程中出现的一种特有现象，是指那些区域已经成为城市一部分，但在土地权属、户籍、行政管理体制上仍然保留着农村模式的"村落"。这里人员杂居，社会关系复杂，居住环境相对较差，是城市建设的"死角"。地方政府对其的社会管理应避免激化矛盾，引发纠纷。深化城市建设的投融资体制改革，通过发行市政项目建设债券等融资方式，调动政府、企业、个人，以及金融机构等多方面的积极性，筹集建设资金，加强监管，专款专用，提高资金使用效率。推动数字城市建设，提高城市管理水平。数字城市是将城市地理、资源、环境、人口、经济、社会等多个方面进行数字网络化，通过整合城市信息资源，构建基础信息平台，进而提高信息化和精细化管理服务水平，实现"社会信息化"。进一步改善城镇人文环境。城镇文化的传承能够强化居民的文化认同感和归属感，这是城镇化发展的一种精神动力。因此要重视文化传承与保护，进一步改善城镇的人文环境。

城镇综合承载力的增强是循序渐进的过程，在其推进中要坚持以下几点：科学编制城市规划，健全城镇建设标准，强化规划约束力；合理确定城市开发边界，规范新城新区建设，提高建成区人口密度和投资强度，调整优化建设用地结构；协调老城区保护与新城区开发建设，注重城市质量的提升和城市功能的延伸，防止特大城市面积过度扩张，预防"城市病"的出现。

第三节　中国城镇化的发展前景

一、区域城镇化

（一）四大区域城镇化水平

城镇化的空间分异所带来的直接影响是城市空间格局的演变，东部地区城镇化的高增长也说明了京津冀、长三角、珠三角城市群仍然对人口有巨大的吸引力。从中西部地区的外部环境和消费结构的变化可以预见，人口稠密的区域一定会有相应规模的人口经济集聚区，例如成渝地区已经成为西南地区经济人口的最大增长极。一般来说，省会城市也会成为未来城市人口集中的热点地区，这与中国长期的大城市偏向的发展模式有关，大量的投入和政策利好使省会城市的发展优于其他中小城市。因此，区域中规模较大的城市会成为地区承接人口的重要平台，一个区域所拥有的大城市规模越大、数量越多，城镇化的发展前景也就越好。中国市区常住人口超过500万人以上的特大城市多集中在东部地区，东北地区暂时还没有市区人口超过500万人以上的超大城市（见表1-1）。

从人口吸引能力来看，中西部地区相比东北地区能够容纳城市人口的能力更强，近年来中部地区的武汉、郑州城市人口增加较快，西部地区的成都、重庆、西安也是人口快速增加的城市。所以，从城市的空间布局也可以判断出，未来东部地区将是中国城市人口最主要的集中地，中西部地区城镇人口会快速增加，东北地区城市人口增速进一步减缓或下降。

表1-1 2017年中国分区域城市规模等级

城市规模（城区人口）	东部地区	中部地区	西部地区	东北地区
超大城市（1000万人及以上）	上海、北京、深圳	—	重庆	—
特大城市（500万—1000万人）	天津、广州、南京	武汉	成都	—
大城市（Ⅰ型）（300万—500万人）	杭州、济南、青岛	郑州	西安、昆明	沈阳、哈尔滨、大连、长春
大城市（Ⅱ型）（100万—300万人）	苏州、石家庄、汕头、福州、无锡、东莞、徐州、厦门、唐山、宁波、邯郸、临沂、淄博、常州、温州、烟台、保定、济宁、佛山、淮安、潍坊、盐城、南通、惠州、海口、扬州、泉州、绍兴	太原、长沙、南昌、合肥、洛阳、南阳、赣州、大同、衡阳、株洲、襄阳、淮南、芜湖	南宁、乌鲁木齐、贵阳、兰州、包头、呼和浩特、柳州、西宁、泸州、银川、遵义、自贡、南充	鞍山、抚顺、吉林、大庆、齐齐哈尔

随着中国市场经济体制的不断完善和深化，城镇化过程势必会受到经济发展力量的影响，进而表现出与经济发展高度相关的一致性和规律性。此外，鉴于中国的国情而言，城镇化水平的提高势必会引发深刻的区域变革，因为不同区域的城镇化发展水平、阶段、特征不尽相同，所以区域间城镇化水平的差异也能够反映出未来中国区域格局的变化态势。城镇化进入高级阶段后，中国将面临人口空间格局过疏和过密的双重挑战，部分中小城市会收缩和丧失经济竞争力，特大城市面临大城市病，解决大城市病问题需要多中心网络化发展，原有粗放型城镇化发展模式需要新的高质量城镇化模式来替代。党的十九届四中全会提出要提高中心城市和城市群综合承载能力，城市需要提高合理配置资源的能力，以承载更多的人口和经济功能。尽管城市不是越大越好，但它还是比小城市有很多优势，因此不一定要限制城市规模扩大，而是需要优化城市空间格局，使得能在获得城市规模效益的同时也避免出现大城市病。

（二）四大区域城镇化前景规划

由于中国四大区域经济发展阶段及城镇化水平的差异，对其城镇化前景的规划则要根据各地区的特点加以区分。

一是东北地区。经历了近现代独特的区域开发和工业化过程，虽然城镇化增长幅度较平缓，但东北地区一直是中国城镇化水平较高的地区之一。因地制宜地采取城镇化发展模式，加强资源型城市转型和城市老工业区改造，探索农垦区、林区和沿边地区的特色城镇化途径。

二是东部地区。中国东部沿海地区2011年的城镇化率平均在65.19%。其中上海、北京、天津的城镇化率甚至在80%以上。要注重区域的整体整合，在交通、住房、教育、医疗等方面提供进一步的保障，发展过程中要注重土地的集约使用，防止人口过度增长、空间无序蔓延。

三是中部地区。由于地理位置因素，中部六省被划归为一体，为加强各省份之间的协作和联动作用，中部地区需要在有条件的地区培育壮大城市群，发展足以引领中部地区的大城市。此外，中部作为中国重要的粮食基地，农村人口众多，在城镇化进程中要注意耕地保护，促进人与自然的和谐发展。

四是西部地区。自古以来，中国西部地区经济发展就受到地势、环境等自然条件的约束，城镇化进展并不顺利。西北地区生态环境条件十分脆弱，容易破坏且难以恢复，因此要借鉴和吸取沿海地区的经验教训，各方面对其发展的前景规划也都在稳步进行。

二、城市的城镇化

目前，依据中国城市人口规模情况，可将城市划分为小城市、中等城市、大城市、特大城市等若干等级，许多大中城市市域范围还包括区、县（县级市）、乡（镇）、村，这些城市也都存在城镇化问题，虽然各类城市的城镇化发展水平不尽相同，但都面临本地农民和外来务工人员市民化难题，这是中国城镇化的特色之一，可称为中国"城市的城镇化"。中国坚持走新型城镇化道路，依据不同等级城市现状明确大中小城市协调发展的原则，以实现大城市和中小城市城镇化的共同进步。

中国城镇化进程要以大城市为依托，以中小城市为重点，促进大中小城市的协调发展。特大城市或大城市往往是所在区域的经济、政治、文化交流中心，由于其具有吸纳就业能力强、聚集效益高等特点，其城镇化发展水平对比中小城市来说也较高。面对当代大城市出现的人口膨胀、交通堵塞、环境恶化等问题，很多人将其归责于城镇化的不断加速发展。事实上，大城市的发展需要坚实的产业基础，在很多方面都存在对劳动力的需求，如果没有农民工的支撑，很多产业都无法发展；大城市还有带动中小城市和镇村发展的任务，因此只要不是盲目地追求城镇化率的提高，将城镇化的发展与具体的实际相结合，大城市发展城镇化是有必要的。中国应顺应这一趋势，继续发挥大城市在吸纳就业及带动周边发展等方面的作用，为中国城镇化的整体进程提供良好的依托基础。

三、农村城镇化

中国坚持农村城镇化是促进城市发展的必要条件，更是促进城乡一体化的重要途径，中国农村城镇化的发展应充分考虑相关条件和制约因素。

（一）深化制度改革，增强小城镇公共服务功能

一是取消小城镇进入门槛。小城镇是农村居民生产、生活和市场流通的中心，与农民是无界限沟通的。小城镇的城镇化发展，实质上是其所在农村区域城镇化发展的重要节点和平台。农民的生产资料和生活资料很大部分是直接通过小城镇的市场行为实现的，小城镇的发展也直接需要农民本人及其活动的进入，这种密不可分的共生关系是客观的。因此，只要农民能在小城镇就业并定居，就应当允许其成为小城镇居民，不受其身份（户籍）的限

制，从而为中国农村城镇化建设开辟道路。

二是土地使用制度。土地使用制度是土地财产制度的组成部分，是在一定土地所有制度下，对人们使用土地的程序、手段、方式的规定。在农村城镇化推进过程中，土地使用问题一直是重要的影响因素之一。此外，土地资源问题也会影响人口转移，农民若想迁移至城镇，则需面临迁移后土地使用权的转让、宅基地还耕等现实的问题。

三是金融支持政策。目前中国农村发展的各类金融需求与现行金融服务供给缺失之间的矛盾是影响农村城镇化进程的主要因素之一。要构建与经济发展要求相适应的农村金融体系，首先必须"因地制宜"。中国农村地域空间辽阔，各地的城镇化水平有所差异，要素禀赋和发展战略也各不相同，因此应对不同地域的金融需求构建与之相匹配的金融体系。其次就是要实现金融体系的多元化。要让农村金融在城镇化发展的过程中与外界的经济交流接轨，提升农村金融的整体水平，不断完善金融服务体系、金融市场体系、金融监管体系，促进三者共同发展。

（二）有重点地发展小城镇，将优质小城镇培育为小城市

与大、中、小城市一样，小城镇也是中国城镇化发展的重要主体。作为统筹城乡的重要枢纽，小城镇有其独特的城镇化发展方式。对于那些区位条件优越、经济基础较好、发展空间较大的优质小城镇，应进行差别化发展，择优培育。大量农民进入后，人口聚居及产业支撑可能会为城镇带来更多的发展机会，这也为其进一步发展提供了现实的可能性。经过长时间的规划发展，小城镇就有可能构建成为特色明显、辐射能力较强的现代化小城市，这对于农村城镇化的发展同样具有现实意义。

要有重点地发展小城镇为小城市，必须坚持以下几个方面的工作：一是明确小城镇功能定位和发展趋势要求；二是搞好产业集聚，形成经济增长的支持；三是进一步完善基础设施，保证城镇高效率地发展；四是注重人文环境，营造城市特色；五是加强生态环境保护，避免粗放的经济发展方式；六是保证公共服务配套的有序推进，协调小城镇各环节发展；七是政府积极引导，为小城镇营造更优良的发展环境。

（三）建设美好农村社区

中国农村有众多的自然村。在社会主义新农村建设过程中，涌现出一大批"生产发展，生活宽裕，乡风文明，村容整洁，管理民主"的新型农村社区。此外，仍然还有不少的村庄处于"空心村"的状态。这样既浪费资源，也不利于农民过上小康生活。因此，改造"空心村"，把它们建设成新型农村社区，是农村城镇化的重要任务之一。

进入21世纪以来，各地加快了农村新型社区的建设。中国广大的农村中存在着很多环境优美、布局合理、文化底蕴深厚的居民点。这些居民点稍加改造和完善，就可以成为符合社会主义新农村要求的农村社区。当然对于一些环境不好、资源浪费的"空心村"，不少地方已通过并村新建等途径，将之建设成环境优美、布局合理、公共服务功能齐全、方便生产和生活的新型社区。

在农村新型社区的建设中，一要充分尊重农民的意愿，发动农民成为建设的真正主体；二要处理好农民宅基地、承包地及其他财产问题，切实保障农民的各种权益，不能剥夺农民和损害农民利益；三要严格规划，规划好空间结构，搞好公共服务设施的配套和建设，不能浪费土地资源，搞好土地复垦和经营；四是新型农村社区的建设一定要方便农民生产和生活，不能只做表面文章，因为这是今后5亿农村居民享受小康生活的平台；五是要在建设过程中注意保护环境，保护有价值的文化遗存。

第四节　中国城镇化进程中的人地关系转型

作为城镇化的主体，农民也是城镇化进程中的人口基础。中国的人地关系在农村土地向城市用地、农民向市民的演变中发生了历史性的改变。值得注意的是，受到城市化和工业化的快速发展的影响，农民依附于土地的中国传统黏性结构关系已经发生变化，农民与土地的联系逐渐被弱化。除此之外，随着相应的土地与户籍制度日益规范，原有的粗放型城镇化受到"以人为本"观念的影响，逐渐转型成如今的新型城镇化。农民从土地活动中解放出来，也从原来对土地的情感依恋中渐渐抽离。农民开始进入城市、适应城市、融入城市，进而推动了城乡关系的巨大变革。总的来说，中国不同时期的城镇化战略是通过不断调整各项人地关系的制度得以实现的，此外，中国人地关系的转变也从侧面反映了中国城市化进程的整体路线。

中国的城镇化进程已经进入了全新的历史阶段，有必要重新梳理其历史向度上的发展脉络和基本逻辑，为中国新型城镇化道路的未来方向提供理论借鉴。因此，以中国城镇化的历史进程为基本线索，认为中国人地关系经历了绑缚于土的在地化、仍处于人地分离的去地化、正走向城乡共生的再地化，而对不同时期人与土地关系的呈现形式及其在复杂时代背景下转型的内在根源展开分析，从而有助于重新审视中国城镇化进程中遇到的困难与取得的成就。

一、在地化的历史根源

农业文明是古代中国的重要标志，土地是农耕活动最基础的生产要素。传统中国经济发展和人口增长离不开耕地面积的扩大及土地生产效率的提高。由于土地的不可转移性导致传统城乡人口流动的现象少之又少，以农为本的经济形态也决定了人们靠地生存，于是逐渐形成了"人不离地"的文化观念与价值内涵。总的来说，在地化不仅是传统中国农业文明的真实写照，也是一直以来中国人地关系的理论基础。

（一）在地化的历史起点

1.传统中国人地关系的在地化逻辑

传统中国的城市在农本经济、抑商政策和频繁战乱的多重挤压下发展缓慢。据估计，19世纪末的中国仅有6%的人口居住在2 000人以上的城镇中。低城镇化率既是农业社会必然的空间表达，也隐喻了乡村在城乡关系中的本位。

从人们对待城乡的态度中，我们发现乡村本位十分突出。西方文明中"城市傲态"的价值观念在传统中国并没有出现，因此所谓"城市居民地位高人一等"的说法在中国也无法站住脚。

传统中国在经济形态上并没有形成工农业之间相互协作的局面，整个国家的农业、工业的生产基地都位于农村。即便传统中国利用通过改进农业生产技术和农耕形式实现了长时间的自给自足，但伴随着人口规模的不断扩大，人地矛盾逐渐凸显，只靠农业生产已经无法保障人们生存的基本需求。在这种情况下，那些规模较小的传统手工业出现了，它们分散在乡村之中，帮助剩余劳动力继续创造价值。

传统中国从城乡关系来看是具有乡土性的。实际上，中国城市与农村紧密地联系在一起，城市文明并不能从农业中完全分离。乡村本位的价值观念凝结了人们对于乡土的物质依赖与精神寄托，使得传统中国的在地化思想进一步深化。

2.内忧外患中的在地化

第一批现代中产阶级就是城乡对立矛盾激化的产物，它的产生伴随着乡村的衰落以及乡村本位观念的消解。在乡村经济生态环境持续恶化的情况下，乡村士绅阶级为了生存不得不接受现代教育、选择新型职业，他们进入城市，身份转变为以知识分子、管理者、工商业者为主的中产阶级。然而，乡村士绅与城市社会融合的过程中，其之前的乡土式的生活方式显得格格不入，受到城市文明的影响，乡村绅士逐渐褪去自身的乡土气息，乡土变成了回不去的故土，传统的落叶归根观念也逐渐消失，就这样切断了乡绅与乡土之间的关系网。值得注意的是，一直以来地方社会都是由士绅阶级管理和治理的，这种模式由于乡村里的大量精英流入城市而难以维系，乡村受这种局面的影响，发展显得尤为困窘。

（二）在地化的制度性变迁

伴随着中华人民共和国的成立和社会主义公有制的实行，中国拉开了由农业化向工业化道路转型的序幕。这一时期的明显特征就是农业支持工业土地公有制和城乡户籍制度，中国人地关系转型的决定性力量就在于此。

整体来看，在改革开放前，受工业化的影响，中国产生了一系列的社会制度，这些社会制度推动中国形成了以身份为划分标准的分层体系。城镇化的发展因此失去了基本的人口保障，工业化进度被影响，农民也被牢牢地困在了土地上，无法更好地实现自身价值。人地关系的在地化逻辑在这些社会制度的影响下变得更加牢固。

二、去地化的基本逻辑

（一）在地化的结构性松动与去地化转型

乡村工业化是中国工业化转型初期的一个突出的特点。乡村城镇化的目的在于就地"吸收"农民，它是就地城镇化的一种特殊形式。由于这种形式并不是刺激农民流入城市，所以就会出现乡镇企业在农村分布十分零散的局面，无法产生城市该有的规模与集聚效应。从产业与就业的结构变化中可以看出，农村劳动力的转移与中国的城镇化、工业化的步伐并不一致。随着工业化的进一步发展，虽然其他就业形式的比重都有所增加，但大部分劳动力仍然集中在农村。就地城镇化受乡镇企业的发展带动，却并没有使中国城镇化在发展中遇到的问题得到很好的解决。总的来说，城镇化发展水平是由城乡人口的自由流动决定的，小城镇的就地市民化和城市人口的自然增长等因素只能起到一定的辅助作用。

农民虽然已然成了现代城市建设中的中流砥柱，他们怀着对城市生活的美好向往、背井离乡，但是城市生活并没有赋予他们合法性，他们在城市公共服务的很多方面都没有得到保障，如教育、住房、医疗、养老等。严重的制度门槛和福利歧视是横在农民与城市间难以逾越的鸿沟。因此，进城务工的农民只能选择临时租住在城市中房价低廉的地带或城市边缘地带，用打工的积蓄回家乡盖房。

中国的工业化转型无论是在乡村还是在沿海地区都取得了非常大的成效，中国城镇化是由沿海城镇化与乡村城镇化共同构成的，它们以市场为导向，将农民从"面朝黄土，背朝天"的束缚中解脱出来。中国人地关系的在地化逻辑出现了一定程度的变动，随之也产生了各种社会问题，由此可见，人地关系的去地化转型是大势所趋。

（二）去地化的制度设置与基本逻辑

分税制改革开辟了"土地城镇化"道路，使得土地资本化积累城镇原始资本，同时分税制还强化了地方政府主张利用土地寻求发展的经济思路。政府在城市土地国有化和农村土地集体化两重制度的影响下，对土地一级市场加以垄断。地方政府利用低价征用农业用地，高价出让给开发商的方式赚取土地极差收益用于城市基础设施和公共服务建设，这为中国城市化进程的发展提供了客观保障。

城镇化进程中的一系列土地制度变迁，不仅推动大批农民真正地"离地"，也潜移默化地消解了农民的"恋地情结"。以80后、90后为代表的"农二代"慢慢褪去了父辈身上的乡土气息，开始拥抱城市文明，他们不再满足于成为"候鸟"，而是渴望更好地融入城市社会。中国人地关系的去地化思维是由主动离地的农民与被动离地的农民共同主导的。土地在城市化进程中只是被当作一种生产要素，其文化内涵被无限弱化。土地制度更多的是维护城市利益，将土地收益转移到城市中，但是城市却并没有以平等的态度对待进城务工的农民。农民在去地化阶段处于进退两难的状态，看上去有在城乡之间选择的自由，实际在生活上并没有得到保障。只有少数农民通过高等教育、务工经商等形式跨越了户籍的鸿沟，实现了阶级的转换。中国的城镇化实质是以城市建设为对象，在人地关系去地化的过程中，最终实现了城市的现代化。

三、再地化的现实路径

（一）制度调节下的人地关系重塑

农村劳动力转移的潜力在土地和户籍两重制度的束缚下很难完全发挥出来，城乡要素自由流动与重新配置受到阻碍，这都与中国经济增长出现负增长有很大的关系。农村人口转移是土地制度与户籍制度的内在逻辑。而放弃与农业户口紧密联系的土地权利是农村人口在城市落户的基本条件之一，这就导致一部分农民在城市落户与农村失地之间难以抉择，然而新型城镇化战略从根本上转变了这一现象。

城市户籍不再是就业、教育、医疗、住房等基本公共服务的通行证，非城市户籍同样可以平等地享受社会服务是现阶段户籍改革的关键。但是，由于之前的各种社会政策与城乡二元户籍制度牢牢挂钩，致使配套制度改革难以推进。户籍制度所采用循序渐进的改革思路，并不能与高速推进城镇化现状相适应，于是就产生了规模庞大的农民工群体，他们只有成为市民的美好愿望，却没有成为市民的能力和政策支持。新型城镇化战略强调推进以人为核心的城镇化，即以农民的市民化为基本目标，为化解城乡户籍二元矛盾加上了制度引擎。

当前，人地分离形式日益严峻，解决农民土地收益与城市公共权益之间的矛盾，最关键的就是对土地制度与户籍制度进行改革，既能保障留乡农民的收益，又可以使进城农民很好地融入城市生活。在制度层面，人地关系被重新划定。

（二）乡愁引导下的城乡互动格局

乡愁是人的内心直通家乡的情感纽带，是每一个中国人对家乡的最真实的情感。不仅城市人有乡愁，进城务工的农民乡愁也十分浓烈，背井离乡的状况更容易使农民心生疲倦，加剧思乡之情。随着国家宏观政策的调整，乡村的潜力被进一步开发，有很多进城农民意识到在农村发展的大好前景，纷纷选择回到家乡。此外，受到人才市场导向的影响，越来越多的优质劳动力开始流入乡村，例如大学生、建筑师、设计师、投资人等，他们为农村多元业态发展注入生机与活力，对农村振兴与发展起到重要的推动作用。虽然城镇化会不可避免地使部分农村劳动力流入城市，但随着城镇化的进一步发展，逆城镇化现象越来越明显，农村复兴吸引城市务工农民折回家乡。

40多年的改革开放使中国逐步形成了一条具有中国特色的城镇化发展道路，进一步推动了社会主义现代化的历史转型。从人地关系的角度可将中国人地关系阶段性特征分为在地化、去地化、再地化。中国人地化关系正在从去地化走向在地化。城镇化的发展、国家工业的转型升级改变了农民被束缚于土地的现实，农民真正能够离开土地，走入城市。值得注意的是，农民想要落户城市是相当困难的，在土地与户籍两重制度下，进城农民不能继续获取农村土地收益，也不能平等享受城市公共服务与福利，处在一种进退两难的境地。

纵观世界城镇化的发展历史，目前中国城镇化正处在初级阶段，换言之，中国的人地关系将长期处于去地化的阶段。所以，未来中国城镇化道路需要继续规范户籍、土地这两重制度，也要在再地化的基础上，进一步优化人地关系。让农民成为城镇化的受益人，平等地享有城市基础设施和精神文化建设成果，才是中国城镇化道路的意义所在。

第二章　农村土地资源保护与利用概述

自20世纪90年代以来，随着中国人口增加与经济发展，对土地资源的压力越来越大，全国各地不同程度地出现了耕地减少、土地退化、城乡用地矛盾尖锐、"三农"利益受损等问题，合理利用农村土地资源已成为国家和地区经济社会发展的重大问题之一。长久以来，学术界围绕土地利用战略、耕地资源保护、土地退化防治、土地资源开发整治、建设用地控制、农村土地流转、土地制度改革、城乡用地统筹、区域生态环境保护等问题在不同尺度和不同类型区域开展了一系列的农村土地合理利用的理论与实践研究，取得了一批有理论意义和实践价值的研究成果。

第一节　农村土地的概念

一、农村土地的概念

《中华人民共和国农村土地承包法》明确指出："农村土地是指农民集体所有和国家所有依法由农民集体使用的耕地、林地、草地，以及依法用于农业的土地。""农村土地承包采取农村集体经济组织内部的家庭承包方式，不宜采取家庭承包方式的荒山、荒沟、荒丘、荒滩等农村土地，可以采取招标、拍卖、公开协商等方式承包。"《中华人民共和国土地管理法》第4条中规定："农用地是指直接用于农业生产的土地，包括耕地、林地、草地、农田水利用地、养殖水面等。"本书中的农村土地利用是指农村土地利用，它包括耕地、林地、草地，以及荒山、荒沟、荒丘、荒滩等。农村土地是用于从事农业生产的土地，是土地利用中最重要的部分，它具有一般土地的全部特性。因此，深刻了解土地的内涵，把握土地的特点，对于农村土地的高持续利用是十分重要的。

二、农村土地的基本情况

2009年，在全国城镇村及工矿用地构成中城市和建制镇用地只占25.23%，独立工矿用地占7.84%，村庄用地却占64.28%。说明目前我国村庄用地整体规模较大，比例偏高。从村庄用地面积占城乡建设用地面积的比例看，尽管村庄用地面积占比呈现明显的逐年下降的趋势，但是从绝对规模看，几乎所有地区都有不同程度地增长，并呈逐年上升趋势。随着农村人口不断减少，村庄用地规模不降反增，将会带来一系列不良的经济社会后果，其中最为突出的就是宅基地闲置和"空心村"现象。

第二节　农村土地资源保护与利用的理论

一、土地利用类型

2007年中华人民共和国质量监督检验检疫总局和中国国家标准化管理委员会联合发布《土地利用现状分类》（如表2-1所示），标志着我国土地利用现状分类第一次拥有了全国统一的国家标准。新颁布的土地利用现状分类的对照如表2-2所示。

表2-1　全国土地分类（过渡期适用）

一级类		二级类		三级类		
编号	三大类名称	编号	名称	编号	名称	含义
1	农用地	11	耕地			指直接用于农业生产的土地，包括耕地、园地、林地、牧草地及其他农用地
						指种植农作物的土地，包括熟地、新开发复垦整理地、休闲地、轮歇地、草田轮作地；以种植农作物为主，间有零星果树、桑树或其他树木的土地；平均每年能保证收获一季的已垦滩地和海涂。耕地中还包括南方宽<1.0m，北方宽<2.0m的沟、渠、路和田埂

续表

一级类		二级类		三级类		
编号	三大类名称	编号	名称	编号	名称	含义
1	农用地	11	耕地	111	灌溉水田	指有水源保证和灌溉设施，在一般年景能正常灌溉，用于种植水生作物的耕地，包括灌溉的水旱轮作地
				112	望天田	指无灌溉设施，主要依靠天然降雨，用于种植水生作物的耕地，包括无灌溉设施的水旱轮作地
				113	水浇地	指水田、菜地以外，有水源保证和灌溉设施，在一般年景能正常灌溉的耕地
				114	旱地	指无灌溉设施，靠天然降水种植旱作物的耕地，包括没有灌溉设施，仅靠引洪淤灌的耕地
				115	菜地	指常年种植蔬菜为主的耕地，包括大棚用地
		12	园地	121	果园	指种植果树的园地
						可调整果园；指由耕地改为果园，但耕作层未被破坏的土地
				122	桑园	指种植桑树的园地
						可调整桑园；指由耕地改为桑园，但耕作层未被破坏的土地
				123	茶园	指种植茶树的园地
						可调整茶园；指由耕地改为茶园，但耕作层未被破坏的土地
				124	橡胶园	指种植橡胶树的园地
						可调整橡胶园；指由耕地改为橡胶园，但耕作层未被破坏的土地

续表

一级类		二级类		三级类		
编号	三大类名称	编号	名称	编号	名称	含义
1	农用地	12	园地	125	其他园地	指种植葡萄、可可、咖啡、油棕、胡椒、花卉、药材等其他多年生作物的园地
						可调整其他园地；指由耕地改为其他园地，但耕作层未被破坏的土地
		13	林地			指生长乔木、竹类、灌木、沿海红树林的土地。不包括居民点绿地，以及铁路、公路、河流、沟渠的护路、护岸林
				131	有林地	指树木郁闭度≥20%的天然、人工林地
						可调整有林地；指由耕地改为有林地，但耕作层未被破坏的土地
				132	灌木林地	指覆盖度≥40%的灌木林地
				133	疏林地	指树木郁闭度≥10%但<20%的疏林地
				134	未成林造林地	指造林成活率不小于合理造林数的41%，尚未郁闭但有成林希望的新造林地（一般指造林后不满3~5年或飞机播种后不满5~7年的造林地）
						可调整未成林造林地；指由耕地改为未成林造林地，但耕作层未被破坏的土地
				135	迹地	指森林采伐、火烧后，五年内未更新的土地
				136	苗圃	指固定的林木育苗地
						可调整苗圃；指由耕地改为苗卿，但耕作层未被破坏的土地

续表

一级类		二级类		三级类		
编号	三大类名称	编号	名称	编号	名称	含义
1	农用地	14	牧草地			指生长草本植物为主，用于畜牧业的土地
				141	天然草地	指以天然草本植物为主，未经改良，用于放牧或割草的草地，包括以牧为主的疏林、灌木草地
				142	改良草地	指采用灌溉、排水、施肥、松耙、补植等措施进行改良的草地
				143	人工草地	指人工种植牧草的草地，包括人工培植用于牧业的灌木地
						可调整人工草地；指由耕地改为人工草地，但耕作层未被破坏的土地
		15	其他农用地			指上述耕地、园地、林地、牧草地以外的农用地
				151	畜禽饲养地	指以经营性养殖为目的的畜禽舍及其相应附属设施用地
				152	设施农业用地	指进行工厂化作物栽培或水产养殖的生产设施用地
				153	农村道路	指农村南方宽≥1.0m，北方宽≥2.0m的村间、田间道路（含机耕道）

一级类		二级类		三级类		
编号	三大类名称	编号	名称	编号	名称	含义
1	农用地	15	其他农用地	154	坑塘水面	指人工开挖或天然形成的蓄水量<10万m³（不含养殖水面）的坑塘常水位以下的面积
				155	养殖水面	指人工开挖或天然形成的专门用于水产养殖的坑塘水面及相应附属设施用地
						可调整养殖水面；指由耕地改为养殖水面，但可复耕的土地
				156	农田水利用地	指农民、农民集体或其他农业企业等自建或联建的农田排灌沟渠及其相应附属设施用地
				157	水坎	主要指耕地中南方宽≥1.0m，北方宽≥2.0m的梯田田坎
				158	晒谷场等用地	指晒谷场及上述用地中未包含的其他农用地
2	建设用地	20	居民点及独立工矿用地			指建造建筑物、构筑物的土地，包括商业、工矿、仓储、公用设施、公共建筑、住宅、交通、水利设施、特殊用地等
				201	城市	指城市居民点

27

一级类		二级类		三级类		
编号	三大类名称	编号	名称	编号	名称	含义
2	建设用地	20	居民点及独立工矿用地	202	建制镇	指设建制镇的居民点
				203	农村居民点	指镇以下的居民点
				204	独立工矿用地	指居民点以外的各种工矿企业、采石场、砖瓦窑、仓库及其他企事业单位的建设用地，不包括附属于工矿、企事业单位的农副业生产基地
				205	盐田	指以经营盐田为目的，包括盐场及附属设施用地
				206	特殊用地	指居民点以外的国防、名胜古迹、风景旅游、墓地、陵园等用地
		26	交通运输用地			指用于运输通行的地面线路、场站等用地，包括民用机场、港口、码头、地面运输管道和居民点道路及其相应附属设施用地
				261	铁路用地	指铁道线路及场站用地，包括路堤、路堑、道沟及护路林；地铁地上部分及出入口等用地
				262	公路用地	指国家和地方公路(含乡镇公路)，包括路堤、路堑、道沟、护路林及其他附属设施用地

续表

一级类		二级类		三级类		
编号	三大类名称	编号	名称	编号	名称	含义
2	建设用地	26	交通运输用地	263	民用机场	指民用机场及其相应附属设施用地
				264	港口码头用地	指人工修建的客运、货运、捕捞船舶停靠的场所及其相应附属建筑物，不包括常水位以下部分
				265	管道运输用地	指运输煤炭、石油和天然气等管道及其相应附属设施地面用地
		27	水库建筑用地			指用于水库、水工建筑的土地
				271	水库水面	指人工修建总库容≥10万m³，正常蓄水位以下的面积
				272	水工建筑用地	指除农田水利用地以外的人工修建的沟渠(包括渠槽、渠堤、护堤林)、闸、坝、堤路林、水电站、扬水站等常水位岸线以上的水工建筑用地
3	未利用地	32	其他土地	323	苇地	指生长芦苇的土地，包括滩涂上的苇地

29

续表

一级类		二级类		三级类		
编号	三大类名称	编号	名称	编号	名称	含义
3	未利用地	32	其他土地	324	滩涂	指沿海大潮高潮位与低潮位之间的潮浸地带；河流、湖泊常水位至洪水间的滩地；时令湖、河洪水位以下的滩地；水库、坑塘的正常蓄水位与最大洪水位间的滩地。不包括已利用的滩涂
				325	冰川及永久积雪	指表层被冰雪常年覆盖的土地

表2-2 土地利用现状分类（过渡期使用）与土地利用现状分类对照

一级类		二级类		含义	三大类
类别编码	类别名称	类别编码	类别名称		
01	耕地			指种植农作物的土地，包括熟地、新开发、复垦、整理地，休闲地（轮歇地、轮作地）；以种植农作物（含蔬菜）为主，间有零星果树、桑树或其他树木的土地；平均每年能保证收获一季的已垦滩地和海涂。 耕地中还包括南方宽度<1.0m、北方宽度<2.0m固定的沟、渠、路和地坎(埂)；临时种植药材、草皮、花卉、苗木等的耕地，以及其他临时改变用途的耕地	农用地
		011	水田	指用于种植水稻、莲藕等水生农作物的耕地，包括实行水生、旱生农作物轮种的耕地	
		012	水浇地	指有水源保证和灌溉设施，在一般年景能正常灌溉，种植旱生农作物的耕地。包括种植蔬菜等的非工厂化的大棚用地	

一级类		二级类		含义	三大类
类别编码	类别名称	类别编码	类别名称		
01	耕地	013	旱地	指无灌溉设施，主要靠天然降水种植旱生家作物的耕地，包括没有灌溉设施，仅靠引洪淤灌的耕地	
02	园地			指种植以采集果、叶、根、茎、枝、汁等为主的集约经营的多年生木本和草本作物，覆盖度大于50%或每亩株数大于合理株数70%的土地。包括用于育苗的土地	
		021	果园	指种植果树的园地	
		022	茶园	指种植茶树的园地	
		023	其他园地	指种植桑树、橡胶、可可、咖啡、油棕、胡椒、药材等其他多年生作物的园地	
03	林地			指生长乔木、竹类、灌木的土地，及沿海生长红树林的土地。包括迹地，不包括居民点内部的绿化林木用地，以及铁路、公路、征地范围内的林木，以及河流、沟渠的护堤林	
		031	有林地	指树木郁闭度≥0.2的乔木林地，包括红树林地和竹林地	
		032	灌木林地	指灌木覆盖度≥40%的林地	
		033	其他林地	包括疏林地（指树木郁闭度≥0.1、<0.2的林地）、未成林地、迹地、苗圃等林地	
04	草地			指生长草本植物为主的土地	农用地
		041	天然牧草地	指以天然草本植物为主，用于放牧或割草的草地	
		042	人工牧草地	指人工种牧草的草地	非农用地

31

续表

一级类		二级类		含义	三大类
类别编码	类别名称	类别编码	类别名称		
04	草地	043	其他草地	指树林郁闭度<0.1，表层为土质，生长草本植物为主，不用于畜牧业的草地	非农用地
05	商服用地			指主要用于商业、服务业的土地	建设用地
		051	批发零售用地	指主要用于商品批发、零售的用地。包括商场、商店、超市、各类批发（零售）市场，加油站等及其附属的小型仓库、车间、工场等的用地	
		052	住宿餐饮用地	指主要用于提供住宿、餐饮服务的用地。包括宾馆、酒店、饭店、旅馆、招待所、度假村、餐厅、酒吧等	
		053	商务金融用地	指企业、服务业等办公用地，以及经营性的办公场所用地。包括写字楼、商业性办公场所、金融活动场所和企业厂区外独立的办公场所等用地	
		054	其他商服用地	指上述用地以外的其他商业、服务业用地。包括洗车场、洗染店、废旧物资回收站、维修网点、照相馆、理发美容店、洗浴场所等用地	
06	工矿仓储用地			指主要用于工业生产、物资存放场所的土地	
		061	工业用地	指工业生产及直接为工业生产服务的附属设施用地	
		062	采矿用地	指采矿、采石、采砂（沙）场，盐田，砖瓦窑等地面生产用地及尾矿堆放地	
		063	仓储用地	指用于物资储备、中转的场所用地	
07	住宅用地			指主要用于人们生活居住的房基地及其附属设施的土地	
		071	城镇住宅用地	指城镇用于居住的各类房屋用地及其附属设施用地。包括普通住宅、公寓、别墅等用地	
		072	农村宅基地	指农村用于生活居住的宅基地	

续表

一级类		二级类		含义	三大类
类别编码	类别名称	类别编码	类别名称		
08	管理与公服用地			指用于机关团体、新闻出版、科教文卫、风景名胜、公共设施等的土地	
		081	机关团体用地	指用于党政机关、社会团体、群众自治组织等的用地	
		082	新闻出版用地	指用于广播电台、电视台、电影厂、报社、杂志社、通讯社、出版社等的用地	
		083	科教用地	指用于各类教育，独立的科研、勘测、设计、技术推广、科普等的用地	
		084	医卫慈善用地	指用于医疗保健、卫生防疫、急教康复、医检药检、福利救助等的用地	
		085	文体娱乐用地	指用于各类文化、体育、娱乐及公共广场等的用地	
		086	公共设施用地	指用于城乡基础设施的用地。包括给排水、供电、供热、供气、邮政、电信、消防、环卫、公用设施维修等用地	
		087	公园与绿地	指城镇、村庄内部的公园、动物园、植物园、街心花园和用于休憩及美化环境的绿化用地	
		088	风景名胜设施用地	指风景名胜（包括名胜古迹、旅游景点、革命遗址等）景点及管理机构的建筑用地。景区内的其他用地按现状归入相应地类	
09	特殊用地			指用于军事设施、涉外、宗教、监教、殡葬等的土地	
		091	军事设施用地	指直接用于军事目的的设施用地	

一级类		二级类		含义	三大类
类别编码	类别名称	类别编码	类别名称		
09	特殊用地	092	使领馆用地	指用于外国政府及国际组织驻华使领馆、办事处等的用地	
		093	监教场所用地	指用于监狱、看守所、劳改场、劳教所、戒毒所等的建筑用地	
		094	宗教用地	指专门用于宗教活动的庙宇、寺院、道观、教堂等宗教自用地	
		095	殡葬用地	指陵园、墓地、殡葬场所用地	
10	交通运输用地			指用于运输通行的地面线路、场站等的土地。包括民用机场、港口、码头、地面运输管道和各种道路用地	
		101	铁路用地	指用于铁道线路、轻轨、场站的用地。包括设计内的路堤、路堑、道沟、桥梁、林木等用地	
		102	公路用地	指用于国道、省道、县道和乡道的用地。包括设计内的路堤、路堑、道沟、桥梁、汽车停靠站、林木及直接为其服务的附属用地	
		103	街巷用地	指用于城镇、村庄内部公用道路（含立交桥）及行道树的用地。包括公共停车场、汽车客货运输站点及停车场等用地	
		104	农村道路	指公路用地以外的南方宽度≥1.0m、北方宽度≥2.0m的村间、田间道路（含机耕道）	
		105	机场用地	指用于民用机场的用地	
		106	港口码头用地	指用于人工修建的客运、货运、捕捞及工作船舶停靠的场所及其附属建筑物的用地，不包括常水位以下部分	

续表

一级类		二级类		含义	三大类
类别编码	类别名称	类别编码	类别名称		
10	交通运输用地	107	管道运输用地	指用于运输煤炭、石油、天然气等管道及其相应附属设施的地上部分用地	
11	水域及水利设施用地	111		指天然形成或人工开挖河流常水位岸线之间的水面，不包括被堤坝拦截后形成的水库水面	未利用地
		112		指天然形成的积水区常水位岸线所围成的水面	
		113		指人工拦截汇积而成的总库容≥10万m³的水库正常蓄水位岸线所围成的水面	建设用地
		114		指人工开挖或天然形成的蓄水量<10万m³的坑塘常水位岸线所围成的水面	农用地
		115		指沿海大潮高潮位与低潮位之间的潮侵地带。包括海岛的沿海滩涂，不包括已利用的滩涂	建设用地
		116		指河流、湖泊常水位至洪水位间的滩地；时令湖、河洪水位以下的滩地；水库、坑塘的正常蓄水位与洪水位间的滩地。包括海岛的内陆滩地。不包括已利用的滩地	
		117		指人工修建，南方宽度≥1.0m、北方宽度≥2.0m用于引排、灌的渠道，包括渠槽、渠堤、取土坑、护堤林	农用地
		118		指人工修建的闸、坝、堤路林、水电厂房、扬水站等常水位岸线以上的建筑物用地	建设用地
		119		指表层被冰雪常年覆盖的土地	未利用地
				指上述地类意外的其他类型的土地	

续表

一级类		二级类		含义	三大类
类别编码	类别名称	类别编码	类别名称		
12	其他土地	121		指城镇、村庄、工矿内部尚未利用的土地	建设用地
		122		指直接用于经营性养殖的畜禽舍、工厂化作物栽培或水产养殖的生产设施用地及其相应附属用地，农村宅基地以外的晾晒场等农业设施用地	农用地
		123		主要指耕地中南方宽度1.0m、北方宽度≥2.0m的地坎	
		124		指表层盐碱聚集，生长天然耐盐植物的土地	未利用地
		125		指经常积水或渍水，一般生长招生、湿生植物的土地	
		126		指表层为沙覆盖、基本无植被的土地。不包括滩涂中的沙漠	
		127		指表层为土质，基本无植被覆盖的土地；或表层为岩石、石砾，其覆盖面积≥70%的土地	

表2-3 土地利用现状分类

《全国土地分类》（过渡期使用）		土地利用现状分类	
代码	地类名称与土地利用现状分类关系	代码	地类名称
111	灌溉水田=011	011	水田
112	望天田=013	013	旱地
113	水浇地=012	012	水浇地
114	旱地=013	013	旱地
115	菜地=012	012	水浇地
121	果园=021	021	果园

续表

《全国土地分类》（过渡期使用）		土地利用现状分类	
代码	地类名称与土地利用现状分类关系	代码	地类名称
122	桑园=023	023	其他园地
123	茶园=022	022	茶园
124	橡胶园=023	023	其他园地
125	其他园地=023	023	其他园地
131	有林地=031	031	有林地
132	灌木林地=032	032	灌木林地
133	疏林地=033	033	其他林地
134	未成林造林地=033	033	其他林地
135	迹地=033	033	其他林地
136	苗圃=033	033	其他林地
141	天然草地=041	041	天然牧草地
142	改良草地=042	042	人工牧草地
143	人工草地=042	042	人工牧草地
151	畜禽饲养用地指农村居民点、独立工矿用地以外的畜禽饲养用地	122	设施农业用地
152	设施农业用地=122	122	设施农业用地
153	农村道路=104	104	农村道路
154	坑塘水面中未养殖坑塘水面=114	114	坑塘水面
155	养殖水面中养殖坑塘水面=114	114	坑塘水面
156	农田水利用地=118	118	水工建筑用地
157	田坎=123	123	田坎

《全国土地分类》（过渡期使用）		土地利用现状分类	
代码	地类名称与土地利用现状分类关系	代码	地类名称
158	晒谷场等用地是指农村居民点外的晒谷场等用地	122	设施农业用地
201	城市=071	071	城镇住宅用地
202	建制镇=071	071	城镇住宅用地
203	农村居民点=072	072	农村宅基地
204	独立工矿用地=062	062	采矿用地
205	盐田=062	062	采矿用地
206	特殊用地=087，088	087，088	公园与绿地，风景名胜设施用地
261	铁路用地=101	101	铁路用地
262	公路用地=102	102	公路用地
263	民用机场=105	105	机场用地
264	港口码头用地=106	106	港口码头用地
265	管道运输用地=107	107	管道运输用地
271	水库水面=113	113	水库水面
272	水工建筑用地=118	118	水工建筑用地
311	荒草地=043	043	其他草地
312	盐碱地=124	124	盐碱地
313	沼泽地=125	125	沼泽地
314	沙地=126	126	沙地
315	裸土地=127	127	裸地
316	裸岩石砾地=127	127	裸地
317	其他未利用土地=121	121	空闲地

《全国土地分类》(过渡期使用)		土地利用现状分类	
代码	地类名称与土地利用现状分类关系	代码	地类名称
321	河流水面=111	111	河流水面
322	湖泊水面=112	112	湖泊水面
323	苇地=125	125	沼泽地
324	滩涂=115，116	115，116	沿海滩涂，内陆滩涂
325	冰川及永久积雪=119	119	冰川及永久积雪

二、农村土地资源利用的基本理论

（一）农业区位理论

农业区位理论的中心内容是：农业土地利用类型和农业土地经营集约化程度不仅取决于土地的天然特性，而且更重要的是依赖于当时的经济状况和生产力发展水平，其中尤其是农业生产用地到农产品消费地（市场）的距离。

（二）地租理论

地租是土地所有权在经济上的实现形式，并且以土地的所有权与使用权相分离为条件。也就是说，地租是土地所有者出租他的土地每年获得的定额收入，表现为所有权收益。土地的有限性与土地所有权的垄断性为地租的产生提供了条件，地租的实体是劳动者的剩余生产物。

第三节　农村土地资源保护与利用的原则

一、因地制宜原则

因地制宜就是根据不同区域农村土地生态系统特点、社会经济条件、满足市场需求的潜力，以能够发挥区域资源与经济优势，又能促进区城土地生态系统保护与改善的方式来使用农村土地资源的农村土地利用原则。

二、农村土地利用与保护相结合原则

实行农村土地利用与保护相结合原则是由农业生产特点所决定的。农村土地生产的实质是通过人类劳动资本和技术的投入，将农村土地生态系统中的物质和能量转化为能满足人类需要的农产品。因此，在利用土地的过程中必须注意保护土地，实现土地利用的持续发展。

第四节　当前加强农村土地资源利用的策略

当前一些地区存在的"卖土""盗土"等行为，不仅破坏了基本农田和生态环境，还使得农民利益受损。这些现象直接反映出基层短期逐利与新发展理念之间的冲突与背向，间接折射出地方基层治理缺少准备和前瞻以及失序等问题。农民的各种行为（合法或非法）是在一定的社会结构、制度环境以及资源禀赋、社会关系等条件下的反应和选择。除了如"卖土""盗土"等违法行为以及失范失序的边缘性违法违规行为如土地撂荒等，也有一些违规失范行为源于地方政府的行政要求，如下发通知要求"退果/苗/塘还粮""退林还耕"等。这些现象和问题往往具有隐蔽性和模糊性，缺乏具体的法律调整，而政府又监管不到位或者难到位，使得个别地区土地等资源利用无序和失范。要想彻底解决这些问题，需要政府部门进行深度思考、高度重视以及进一步规范、引导，补齐责任主体监管不到位和治理能力不足的短板，明确各利益主体间的责权利边界。

对一些地区农村土地资源利用失范失序行为的反思，上述农村问题既有老问题也有新问题，既有直接的违法违规行为也有因主管部门、主体组织之间管理协调不足或集体资源资产的权属关系模糊而导致的矛盾、纠纷和冲突。究其原因，可以从三个视角来理解和分析。

第一，农村集体资源资产本身的权属关系、属性定位、类别功能和利用体系，这是分析问题及解决问题的逻辑起点。

第二，农村集体资源法定所有者或者代理者的农村治理组织的组织定位、管理机制和治理能力，也就是村级组织的实际作用如何，是否具有权威，能否起到领导、激励和带动作用。

第三，外部的管理与监督，包括三个层次，分别是相关法律法规的完善程度、主管部门管理与监督的精准程度以及政府相关政策制度引导和激励的充分程度等。

乡村现代化转型过程中土地管理责任体系及相关利益主体权责利关系失衡。土地利用失范失序问题看似零零散散，但本质上都是农村在从传统农业、集体化农业向现代经营农业转变、从计划经济向市场经济转变过程中产生的、因管理责任体系以及相关利益主体权责利关系改变而必然会出现的一系列问题。在转型过程中，依法治理是一个大趋势、总趋势，但政府行政力量从法律上逐步淡出了村级组织管理体系，导致乡村的管理责任体系和相关利益主体权责利关系出现了失衡现象。

以农业管理涉及的有关法律为例，近些年的涉农法律处于密集修改修订过程。除了2018年制定的《中华人民共和国土壤污染防治法》属于新法外，其余17部均是2006年以前制定的，2009年以来修订的法律有13部，其中有6

部在近5年进行重新修订，这反映了农业行政管理现代化方面与时俱进的压力。需要注意的是，制定并不必然代表法律的有效施行。因此，在实现农业治理现代化的过程中，需要通过"政府（国家）—村集体""政府（国家）—农民""村集体—农民"的责权利关系明确化、定位精准化、权利自主化以及利益再平衡，恰当地规定好和解决好国家目标与利益、政府施策、村集体的所有者权益和农户的经营自主权之间的法律关系。否则，在小户经营现代化和市场化的转型过程中还会出现更多的问题。

部分资源资产缺乏清晰的权属关系，导致村民利益受损。农村土地可以分为农用地（即用于农业生产的土地）、集体经营性建设用地、宅基地以及"四荒地"（或称为未利用地，包括荒山、荒沟、荒丘、荒滩等）四类。前三类的土地用途是比较清晰的，而关于"四荒地"的法律规定甚少。过去一些地方为了鼓励开发，甚至提出"谁种谁有"的口号。尽管土地归集体经济组织所有，但个别行政村的集体经济组织流于形式，缺少实体性的经营和管理能力。比如，在农村土地确权过程中，个别地区对于"四荒地"绕着走，以至于"四荒地"在实际农村生产生活中处于"公共池塘"状态。当"四荒地"无利可图时，各方相安无事；当"四荒地"有利可图时，则很容易出现"精英俘获"或"公地悲剧"等现象。"四荒地"成为少数村民或个别村干部的牟利工具，使得村民利益受损、农村矛盾凸显，甚至是公共利益（国家粮食安全、耕地保护和生态环境保护等）被侵蚀（这也是一些农村纠纷和矛盾的焦点或诱因）。

行政主管部门的定位不准、监管缺位，在客观上难以抑制相关违法行为。农村集体资源资产的规划、管护和监督涉及县政府、发改部门、国土部门、生态环境部门、农业农村部门、公安部门等多层级、多部门。可以说，"卖土""盗土"等违法违规行为的出现，与主管部门、监管部门没有定位好、处理好各自部门的管辖事务密切相关。"卖土""盗土"现象属于土地资源管理的新问题。由于相关法律不明确，县级政府层面难以形成多部门联合执法和综合治理的态势。乡镇国土部门表示没有执法权，打击卖土只能依靠公安机关；而公安机关则称这是自然资源部门和规划部门的事情。政府内部行政主管部门的定位不准和缺位以及外部监管部门的不到位与难作为，造成了集体资源资产的被侵占、流失，在客观上助长了基层失范失序乃至违法行为的发生，损害了农民及村集体的长远利益。

土地所有者或所有者代理的村级组织治理能力不足，容易导致基层治理失序。中国是由五级政府构成的自上而下的政权组织形式，乡镇政府之下的乡村为村民自我管理、自我教育、自我服务的基层群众性自治组织，实行民主选举、民主决策、民主管理、民主监督。行政村包含着多个具有领导属性的村级自治组织团体，包括村党支部委员会、村民委员会、村务监督委员会、村集体经济组织（一般由村委会代为行使权力或自身组建村股份经济合作社等形式）等，它们共同构成了一个乡村治理的较为完备的组织架构，共同掌管着乡村的全部资源资产以及完成党和政府下发的各项指标、任务、项目。

然而，一些地方的村级自治组织并没有成为坚强有力的组织力量，农村青年人口的大量流出、农业从业人员的逐渐减少以及农村资源的相对闲置，使得村级自治组织的内部建设和治理能力不断弱化、涣散。特别是中西部地区的乡村，精英人口外流现象较为严重，村干部队伍人才匮乏，乡村治理滞后于时代发展和村民需要。总之，农村集体经济组织和村民委员会都具有重要的责权利，如果他们在组织能力、经济分配、资源掌控、角色定位和社会道义上丧失权威和能力，势必会造成作为整体的村庄的衰弱和作为个体的村民的离散、分化，也必然会诱发农村各类失范、失序、失衡问题，甚至会出现村干部腐败、权力寻租等违法违规行为。

农村土地利用方式失衡、发展机会不足，容易催生村民投机行为。土地资源是农村发展和农户生计最根本的要素资源，但农民如何利用土地以及支配权力的边界界定尚存在较大的模糊性，以至于土地资源在农村和农民手中的利用方式呈现出单一、低效和失衡的局面。尽管农村存在着大量的土地资源等集体性资产，但其利用大多属于祖祖辈辈的自然延续，普遍存在前期规划不足等问题。当前，农村集体土地利用规划普遍存在资质和能力欠缺等问题，土地规划门槛较高、成本较大。比如，如果需要政府的项目支持，就必须花费一定资金聘请相关有资质的单位进行规划设计。由于农业的比较弱势和优化配置不足、土地利用方式及开发体系失衡，部分地区的农业缺乏稳定、有效、可持续的营利性利用方式。在此情景下，外部诱惑一旦超越当前土地产能效益，便会诱发村民甚至村集体的各类投机行为。

加强农村土地资源利用与管理的策略和建议如下所述。

一、补齐农业农村治理短板

重新思考农业农村的行政管理问题，明确乡村现代化转型过程中的管理责任主体以及相关利益主体的权力边界、管理体系的重构和各利益主体之间的权责利平衡。

首先，要明确政府各管理部门之间的权责关系，真正发挥好监督部门的作用，树立政府的公信力和权威。在做好主管业务的同时，县级人民政府应当发挥好统筹协调作用，力避"互相推诿""九龙治水"等懒政怠政行为。同时，面对新型城镇化、乡村振兴等带来的新治理任务，应当赋予作为最底层政权的乡镇政府在环保、土地、农业等方面的适量行政执法权限，确保违法违规行为能够得到及时的纠正和制止。

其次，要理顺国家、集体和农民之间的关系，明确责任主体关系。农村各种问题的出现，折射出乡村治理的失序，因此，应理顺国家、集体和农民在乡村治理中的关系，适应利益主体的多元化以及各利益主体之间的权责利平衡；明确管理体制和责任划归，让乡村事务在合理、和谐、良性运行的平台和环境下规范化、持续化发展；明确哪些资源和行为属于"国家—农民""国家—村集体""国家—村集体—农民""村集体—农民"的调整范围，正确划归责任主体，使基层问题的解决具有有效的应对路径和问责机制。

此外，应继续深化农业农村领域的"放管服"改革，优化农业农村的相关政策制度供给。应站在推进国家治理体系和治理能力现代化的高度，深入推进各类服务便民化、标准化、信息化建设，充分运用现代化治理手段和工具，在宏观调控和发展原则上不断引导，激励各类村级组织主体和农民正确合法地规划、利用、管理农村各类资源资产，防止农村资源资产被有意或无意地破坏，为农业农村经济的持续健康发展提供支撑以及保障。

二、完善农业农村法治建设

完善农业农村法治建设，使农业和农村资源管理有法可依、依法治理。法治建设是农村发展的底线要求，要依法厘清农村集体资源资产的权属关系，尊重所有者的权益，必须要清晰化（这是土地合法正当利用的前置条件）。不可否认，当前相关法律缺少对作为集体土地所有者和承包经营者权益的尊重，对农民的主体性、参与性不够重视。面对农村相对丰富且类型多样的土地等集体资源，如何界定好各类土地的产权关系及开发利用途径，是非常复杂的事情。作为农村资源资产所有者的村级组织，有无自由裁量权处置其掌管的土地资源以及如何合理合法使用、如何创造高效持续的经济价值、如何进行公平性收益分配等，攸关村民利益。

只有在法律上厘清农村集体资源资产的权属关系和使用途径、使用方式，并尊重所有者权益，才能形成明确的权责关系以及可追溯、可持续的依法管理方式，才能从源头遏止不法行为。另一方面，在新形势下要适时调整对作为村集体成员管理者、村集体资源所有者的村级组织的法律规定性，使其在法治规范的基础上实现有效自治。在面对农村人口逐渐流失造成的"空心化"、集体资源资产闲置低效以及农地"三权分置"改革带来的集体所有权、成员承包权与经营主体经营权的权利重构等问题时，相关法律应当适时调整，更加细化村级组织行使相关行为的法定权力和边界界定，明确村级组织的责权利关系，确保集体资源优化配置的法律规定性和处置正当性。适应地进行以经济社会和自然条件为导向的农地制度改革，确保乡村资源的合法化使用以及各方的法定权益与平等参与。

三、做好农村土地资源的规划、利用与管理

要做好农村土地资源的规划、利用与管理，实现农村土地的价值与效益。马克思明确指出，"土地是一切生产和一切存在的源泉"。土地是农村发

展的根本性要素资源和载体。农村的发展、农民的生计都依赖于土地的产能以及合理利用。农村土地如何盘活，如何避免被侵占、破坏，如何合法合理地规划、利用，进而实现其经济、社会、生态价值，是当前农村发展需要解决的重要问题。村民自治组织有责任和义务规划、利用、保护以及管理好乡村的集体资源资产。同时，县级政府部门在土地利用管理过程中应当发挥引导和激励作用，给予村民委员会参与的空间，增强村民委员会的领导能力和行动能力，鼓励其盘活、用好农村的资产资源，实现农村土地要素资源的分类管理与高效利用。

四、不断完善和增强村级组织的能力

村级组织作为基层农民的自治性组织，其运行的好坏直接关系到近6亿农民的切身利益、农村资源资产的使用效率以及国家的粮食安全、生态环境的保护、农业农村经济社会的良性发展。作为村集体资产所有者或所有者的代理人的村级组织，对村庄的整体发展负有领导职责，一旦出现内外监管不力或村干部暗箱操作、合谋腐败，便会对农村集体资源资产造成不可逆的破坏。从当前媒体对农村"卖土"行为的报道来看，村民委员会并没有及时维护村民的合法正当权益，没有实现对村集体资产的充分保护。对此，应积极采取多种路径，持续不断地完善村级组织体系，增强村级组织的治理能力，改变基层组织软弱涣散的局面，使其更好地支配和配置农村集体资源资产，壮大村集体经济。

五、坚持农民主体性地位

坚持农民主体性地位，增强农民在村集体公共领域和土地利用规划中的参与度。从媒体对农村"卖土"行为的报道来看，村民委员会以村集体名义对外签订了卖土合同，村民对此并不知情，也未参与过土地买卖议价的讨论，显然是民意"被代表"。由此延伸至村庄类似资源资产的开发利用，村民可能同样缺少知情权和参与权（大到村集体的土地类型划分，小到农民承包经营地的使用方式和处置方式等）。作为村集体组织成员的村民，应当享有对村庄集体资源资产的使用和监督权利。为遏制侵害农民权益、破坏村集体资源资产的违法违规行为，应充分坚持和维护农民的主体性地位。在村集体公共领域事务规划、决策中，应当尽可能地通过多种途径、多种方式吸纳每一位村民积极参与其中，并充分尊重每个人的意见，以此来增强村民在村集体公共事务中的知情权、参与度和主体性地位。通过村民的积极参与，集思广益，减少信息失真，防止"精英俘获"现象，实现资源的优化配置。

六、严格集体建设用地用途管制制度

推进集体建设用地合理利用必须要严格遵守土地用途管制制度。针对当前村庄规划管理的现状，在多规融合的大目标下，要进一步完善规划体制，探索村级规划的编制技术，通过规划的调控。同时应对不同村庄类型，如平原或山区，进行区域规划，科学合理地确定人均指标，以及预测人口与用地规模。

针对村庄用地人减地不降的问题，应积极探索基于城乡统筹的村庄"减量规划"。减量规划的前提是建设用地规模的降低，但降低不是绝对的、直接的、硬性的，而是积极的、主动的和渐进的。从整个村庄层面上看，通过建立适宜的村庄用地控制模型和划定建设用地规模、基本农田、生态保护区等控制线，可以相对科学地实现城乡统筹机制下的、近远期结合的、有可能动态管理的村庄建设用地的规模减量。从农户层面上看，户均用地规模的管制将直接影响村庄用地规模，应加强对村庄人均和户均用地控制的调查和研究，将此作为村庄用地有效减量的突破口。

七、建立完善宅基地使用管理制度

宅基地是村庄用地的主要组成部分，宅基地与农民的利益密切相关，建立和完善宅基地制度是当前村庄用地管理和农村土地制度改革的最重要内容。逐步探索宅基地的有偿使用制度。随着农村经济的发展和集体土地资产属性的显化、顺应市场化改革的方向，应逐步建立宅基地无偿有偿使用制度，根据村庄规划预测、确定村集体的宅基地总量，率先在新增宅基地中实行有偿有限期使用。在实施区域上首先在城中村和城市边缘区农村、经济发达地区实施，待成熟后逐步向地区推广。

八、探索村庄用地的多元整治模式和分区整治政策

村庄用地整治有利于实现集体建设用地的集约利用，合理确定用地规模，也有助于改善农村生产生活和环境条件，对于促进城乡协调健康发展有着不可替代的作用。一是要坚持延续特色、延续文脉保护整体景观、因地制宜的原则，探索多种村庄用地整治模式。在对村内的历史建筑和地方特色进行调查的基础上，通过异地改造、建设中心村、内部用地改造控制等模式，有针对性地解决村庄用地中的实际问题并对村庄文化进行保护。二是探索村庄用地分区整治政策。针对当前村庄用地区域之间不平衡的现状和特点，采取不同的整治策略。东部地区应当重点盘活存量村庄用地，重点推进农村居民点的空间整合，大力推进新型城镇化战略、形成土地利用空间合理、使用结构科学、利用效率高的村庄用地使用模式；中部地区应重点做好农村居民点合理布局，集中进行农村基础设施建设，重视生态与环境保护工程建设，保证农村居民拥有良好的生活环境；西部地区应首先考虑生态脆弱区的保护，有序推进异地移民搬迁，建设中心居住区，加强居住区内基础设施建设；东北地区应注重村用地内部挖潜工作，大力实施村庄土地整治，盘活农村存量土地、控制村用地规模，提高村庄用地的利用效率。

第三章　城镇化背景下农村土地资源管理分析

第一节　农村土地资源价值提升机制与管理策略研究

一、农村土地资源价值提升机制

（一）提升农村土地资源价值的意义

（1）有利于乡村振兴战略的实施。农村作为重要的经济与社会发展区域，只有盘活农村土地资源，提升农村土地资源价值，提高农村居民的收入水平和生活质量，才能实施好乡村振兴战略。

有利于保障农民收入，推动城市化发展进程。加快土地流转，能够实现土地集约化的生产与管理，解放大量农村劳动力，从而为城镇化建设提供劳动力和土地资源的支持。土地浪费现象明显减少，管理和使用逐渐规范化，农民收入水平逐渐提高，土地资源的价值被最大限度地挖掘。

（2）有利于提升农业现代化水平。土地要想发挥出最大的价值效益，就必须在生产中结合农业现代化发展要求，实行产业化、规模化运作。通过加强土地整合使用，提高农村土地资源利用效率避免土地资源浪费，推动农业的高效化、机械化、规模化，使得土地资源发挥出最大的产业价值。

（二）农村土地资源利用的困境

（1）社会保障体系有待完善。目前，在我国农村，传统的"种地养家"的思想仍然存在，因此社会保障体系还有待完善。随着我国经济社会的不断发展，农村出现了多种经营形式，土地不再是农民赖以生存的唯一手段。然而，经济社会发展是不平衡的，具体表现为农民还未能平等地享受各种公共服务带来的便捷，如教育、医疗、就业、住房等，土地依赖的观念依然存在。有部分群众不愿意将土地交给集体或转给他人使用，进而导致土地闲置情况的发生，降低了土地的使用效率。

（2）土地交易市场不完善。目前，我国土地交易市场机制尚不健全，大部分地区土地交易信息体系尚未建立，没有成立专门的土地交易中介服务中心，土地供求双方的信息交流和交易渠道不畅，从而影响了土地交易的规模、效益和速度。

二、农村土地资源管理策略

（一）推进农村土地资源的集中经营

1. 以"合作"为核心，推行土地合作制度

在家庭联产承包责任制的基础上建立起的土地合作制度与传统的经营方式之间的区别，是在土地资源经营过程中把承包权和经营权分开进行的。通

过采用这种农业经营方式能够解决原来农业发展过程中投入高、效率低的问题，农民把土地入股与专门的生产企业进行合作不仅能够获得一定的收益，而且还可以改变传统的耕作方式，推动农业发展不断进步。

目前，在全国范围内都已经实行这种农业发展模式。例如，江苏地区受这一发展模式的影响，农民除了能够得到一部分收入，还能从土地劳动中解放出来从事其他行业的劳动。通常来说，这种农业发展模式就是农民将自己的土地当作资本进行入股，通过合作社的年底分红来获取利润。入股的形式使农民同时获得了土地所有者和土地经营者的双重身份，农民与土地的关系发生了改变，从农业生产中解放出来的农民投入自己感兴趣的行业中，进一步推动经济社会的发展。

2. 以"租赁"为核心，推行土地反租倒包制度

在农村地区开展土地反租倒包制度，这也是一种新的农村土地改革形式。所谓土地反租倒包制度，就是以村集体为基础把农村的土地集中起来，以集体承包的形式把这些土地承包给专业的农户来发展生产。这种生产方式在沿海地区较为常见。在沿海地区的城市郊区，农业相比其他行业发展较为缓慢，大部分农民不再将农业收入作为主要经济来源而是选择到企业工作。农民将自己的土地承包给专业生产经营的企业或者那些具有一定生产规模的农户。这些地区的土地很少进行粮食种植，多是种植经济作物。通过采用反祖倒包的形式，该地区使大量从事土地生产的农村劳动力得以解放，并为其他产业的发展注入新的劳动力。长此以往，不仅能够提高该地区农民的收入水平，促进土地有效流转，还能够带动当地经济社会的发展。

3. 做好优势区域的规划，加大优势产业布局调整

因地制宜是农村地区土地资源开发过程中又一重要的发展原则，在发展过程中要好好规划农产品的区域布局。结合当地土地发展的实际情况，运用科学、合理的发展模式，开拓出一条与自身发展相适应的新路径，由此来推动当地经济社会的发展，进一步刺激农村劳动力的转移。

农业规模化发展有利于缓解农村土地在发展过程中存在的资源分散、土地严重束缚劳动力等问题，提高农民收入，降低农村发展成本，实现农村现

代化。改变原有的土地经营模式为农村的现代化发展准备了条件。在开发土地资源的过程中，农民从土地劳动中解放出来并通过参与其他行业的劳动增加报酬，这不仅能够帮助农民提高收入，还能进一步推动经济社会的繁荣发展。

（二）丰富农村土地资源经营运作模式

1.土地股份制

在2011年的国务院政府报告中就明确指出，要采取有效措施不断完善农村现有的经营制度，有序推进农村土地管理制度改革。也就是说，要对农民最关心的问题进行不断的改革，解决在农村改革中不利于农村发展的各项问题，这对于我国未来的发展将会产生十分重要的影响。

土地股份制在发展过程中主要是以村或者是村民小组为单位进行，首先对行政范围内的土地进行测量、清算，然后根据现有的土地资源总量按照平均分配的原则为行政区域内的村民配置相应的股权。在股权配置过程中要结合地区发展的实际情况来进行，在现有条件下主要有两种方式，分别是单股权和多股权。农村发展受到股权改造的影响主要有以下两个方面。

第一，农民拥有土地的股权，是土地的所有者，并且不用承担将来失去土地的风险。

第二，土地集体经营将农民从土地劳作中解脱出来从事其他形式的经营活动，在增加农民收入的同时促进了农村地区经济社会的发展。

2.土地信托运作模式

（1）成立农村土地信托制度

遵循公平自愿的发展原则是农村土地信托机构在发展过程中的首要前提，发展农村土地信托机构能够聚集农村地区的土地，集中解决原来农业生产过程中存在的缺陷。此外，该制度还能够将农民从劳动中解放出来并参与到其他形式的社会实践中，推动农村经济社会向前发展。

土地信托机构的主要职能包括以下内容。

信息传递职能。在规定的时间举行土地经营的发布会，浙江的某些地区在发展过程中通过对土地流转的信息进行发布，能够为区域内的土地流转提供便利的条件，土地的原有经营者也可以从土地流转中获得相应的收益。

中介服务职能。通过对双方提出的具体条件进行协商，在平等互利的原则下签署合作关系，能够维护双方的合法权益。

监督治理职能。可以加强土地经营活动中的管理，提高对土地资源的开发和保护，推动农村地区的经济走可持续发展道路。

经营治理职能。实体信托机构可以为地区开展其他形式的经营活动提供必要的资金支持。

（2）建立土地投资信托基金

在土地资源开发过程中，如果只是依靠政府或个人集资等形式并不能满足资金需求，因此对土地资源开发提供充足的资金支持是十分必要的。土地信托的方式能够有效解决资金不足的问题。通过建立土地信托基金，相关部门可以为开发土地资源筹集必要的资金。

土地信托机构主要通过以下几种方式获得资金来源。

第一，来自银行，主要通过土地信托存款的形式获取。

第二，来自政府部门，主要依靠政府发行的土地债券筹集相应资金。

第三，来自企事业单位和外资等领域的资金。

土地经营者是土地的委托人和受益人，他们将土地转交给信托机构。通常情况下，信托机构主要通过将土地进行投资的经营方式来获取经济利益，另外，还有一些信托机构将土地转给更加专业的机构进行开发，从中取得相应的报酬。土地信托机构在土地开发的过程中通过将土地抵押给政府部门，从中获取所需的发展资金。此外，发展资金的筹集也可以通过向金融机构贷款筹得，这种多渠道获取发展资金的方式还能降低土地信托机构的投资风险。

3.集体土地市场运作模式

（1）加快土地承包经营权物权化促进土地规模经营和转移农村人口

对于农村土地资源的土地承包经营权参与市场化运作的方式主要包括以下几个方面。

一是转包，这种方式是按照自愿、公平、有偿的原则承包双方进行协商，来达成一定的土地经营权协议。

二是入股，这种方式是土地的所有者将土地承包权折成一定的股份，依靠这些股份加入专业合作社中或者是其他形式的农业经营活动中，在年底按照股份获取一定收益的情况。

三是委托经营，土地承包双方在协商的基础上按照一定的规定把土地的经营权转让给其他人进行经营。

土地承包经营权市场化运作会起到三种效果。

首先，可以实现"土地换股权"。实际就是一种将承包经营权拆分成若干股份，依据股权的多少来获得相应收益的合作社经营活动。值得注意的是，农民依靠土地或其他形式取得收益并不会因此受到影响。

其次，鼓励实行土地承包经营权换保障，也必须要明确规定，农民在土地流转后依然有权利获得相应收益。

最后，可以实现土地规模经营。可以运用先进的土地经营方式，优化土地流转的经营模式，这对于增加农民收益与提高农业生产水平都具有重要影响。

（2）探索农村宅基地市场运作规则，建立农民财富积累机制

在现有土地法律框架下，探索农村宅基地入市交易可先从以下三个方面尝试突破。

一是异地置换，以房抵价。即原有农民住宅经过评估后，实行"拆一还一"，新房宅基地实行"零价置换"，原宅基地价值体现在新置房的价格中，同时，农民可获得与城镇住宅同样的房地产证，可以上市交易。

二是货币补偿，价值显化。根据上海市关于在土地征用方面的相关补偿制度，如果被征地者选择货币安置的方式，那么对于它的补偿金额的计算方式就是要结合自身被拆迁面积加上土地使用年限的方式来计算，这样能够保障拆迁户的住房问题能够被妥善解决。

三是依法征收，补偿归户。为了推动新农村建设的需要，要结合农村地区发展的情况对不同类型的拆迁户进行分类划分，政府或者开发商要按照市场价格的水平对拆迁户给予一定的补偿。

（3）盘活农村非农建设用地，建立农村集体非农建设用地与国有土地同等进入市场交换的新机制

现在，农村集体土地不能同国有土地一样进入交易市场已经成为我国农村土地资源在发展过程中存在的主要问题。然而农村集体所有土地距离进行市场交易还需要一定的过程，这必定会限制农村地区的发展。另外，官商勾结、滥用权力等腐败问题也可能在集体土地在流转过程中出现，甚至使集体土地面临巨大的经济损失。因此，相关部门要采取必要方式支持和鼓励农村土地参与到市场贸易中，同时也要切实维护好农民的根本权益，建立健全相应的征地补偿制度。此项举措不仅能够促进农村经济发展，还能对建设社会主义新农村起到积极影响。

一是要提高征地补偿标准。在对农村的土地资源进行征用发展其他方面的投资过程中，补偿的费用是由多个方面组成的，一般要包括土地补偿、青苗补偿和安置补偿等费用。在土地法中对于补偿原则是有明确的规定的。

二是要盘活非农建设用地。可以采取措施把非农业土地列入非农建设用地。在不超过原有土地使用指标的前提下，在农村地区发展相应的产业项目，通过这种方式来带动农村地区的经济发展。在依靠农业发展的偏远地区，可以对非农业土地进行开发，这样不仅有利于节省投资企业的投资规模，还可以拉动农村地区经济发展。

三是要允许自主开发规划内的非农建设用地。郊区新农村建设的过程中，要根据实际情况采取相应的发展制度和策略。例如，农民可以通过将土地入股企业的形式获取一定的经济效益，这种方式一方面降低了国家土地赔付的支出，另一方面还能为失去土地后的农民提供生活保障。此外，可以改变原有"先征用、后出让、低补偿"的土地使用制度，允许农民直接出让土地，让土地直接流入市场。对那些只是依赖农业来发展生产的地区，更要做到具体问题具体分析。可以建立健全"水涨船高"和土地使用利益新的调节机制，将城镇化与工业化结合起来，因地制宜地发展当地经济。

四是要建立产业补偿和地区平衡制度。集体土地进行流转参与市场交易的用途一般就是满足工业化、城市化发展对于土地的需要。所以，在土地资源进行流转过程中要根据地区的实际情况来建立相应的补偿制度。如果土地资源被用作城市化，那么就要根据新建地区的发展实际情况，依据实际收益按照一定的比例来支持农业的发展。同时对于被征地农民要给予一定的社会公益保障补贴，解决他们的生活问题。在这一过程中，要建立健全各项保障制度，为社会主义新农村建设的顺利进行提供有力的制度保障。

（三）完善农村土地资源经营的利益分配

1.完善土地收益财税体系，调整利益分配格局

将改革作为完善土地税费制度的动力。要对土地资源进行合理配置，向土地使用者进行一定程度的收费和征税；在发展过程中要适时调整土地收益。农村地区应从自身情况出发，建立健全与以上原则相适应的土地税制度。在发展过程中，土地税主要体现在由于土地增值而需要缴纳增值税、耕地挪作他用的占用税以及土地征收要缴纳的土地使用税等。统一征收以上各项目，不但可以增加国家税收，还能够进一步加强国家对土地资源的管控。

现有的集体所有土地资源改作其他用途，其主要目的是为了满足经济社会发展对土地资源的需要。在这一过程中必须要从根本上来维护土地经营者的合法权益，同时保证国家对土地资源的控制权。可将农村土地转为新增建设用地，有偿使用费改为中央与地方五五分成，改由土地管理部门征收为国税部门征收，就地缴入中央国库，按中央与地方分享比例进行报解，实行先缴库、后批地；要加强在土地出让方面的管理，国家有关部门要成立专门的工作机构来加强在土地出让环节的监管，以此来维护国家对土地的监管职能。此外，还要规范政府土地收益分配。审计机关要加强对土地收益方面的管理，国家要在土地监管方面制定具体的规章制度，同时要保证这些制度的顺利实施。

2.加大农业土地开发，提高农业综合生产力

国家要对农业生产提供强有力的保障，要进一步加强在农业发展方面的投入力度。在整体发展过程中，要充分发挥市场的主体作用，切实保障农民的基本权益，为我国的粮食生产提供强有力的支撑。如果出现经过流转之后的土地资源仍在进行粮食生产的情况，国家要进行一定范围的补贴，此外生产的发展也要依靠农民生产积极性以及先进的科学技术。国家要加强对农业基础设施的投入力度以应对粮食安全隐患，进一步完善各项粮食补贴制度和政策，为农村土地规模生产提供强大保障。

土地承包经营权流转就是参与土地流转的双方在土地流转过程中对于各自的权利与义务有明确的规定,所以,在土地流转经营权流转过程中最关键的因素就是流转费用。国家有关部门要结合不同地区的发展实际情况,在坚持公平性原则的前提下来建立相应的制度对于土地流转过程中的情况进行分析。由于土地承包经营权在流转过程中存在一定的风险,所以有些地区在发展过程中要根据实际情况的变化来建立相应的保障制度,为土地经营权的流转顺利进行提供保障。

第二节 新农村建设中土地资源经营问题及对策

在经济社会发展过程中,产权作为各项活动的主要动力,具有非常重要的作用,拥有明确的产权是进行其他经济活动的首要前提。

一、明确土地权利边界,调整政府的角色定位

在农业发展过程中,政府承担着管理者的角色,为社会创造了有利的环境条件,对促进市场发展的正规化、提高土地利用率起到了积极作用。在原有土地制度的基础上,采用多种形式为农业发展创造条件。目前,土地所有制问题在社会经济发展过程中并没有明确的规范,很多人并没有意识到问题的重要性。完善农村土地制度对刺激农业社会发展至关重要,同时也要对土地权限加以明确,这样才能在社会发展过程中避免由于土地界限所产生的矛盾。此外,要及时调整农村集体内部利益分配,保障农村规模化发展。总的来说,在社会发展过程中,完善土地产权制度为土地发展提供了重要保障。

二、稳定农民的土地承包经营权，确保农民主体地位

坚持集体所有制原则对于农村土地资源的开发和利用具有重要意义。只有坚持坚持集体所有制，才能协调好农村与合作组织之间的关系，才能合理划分土地产权与经营权，才能为农村社会发展提供有力的环境保证。建立健全各项土地规章制度，为土地流转做好积极的准备工作。农民要对现有农村土地制度权限加以完善，确立农村承包经营权，为农村土地承包制度的发展打下坚实基础。

在农村发展过程中，除了要对土地所有制进行完善，还要将土地的各项权限加以规定，进而保障农民的各项权益不受侵犯。农村土地所有制要在集体所有制为主体的基础上，多多开展各种形式的农业经营活动。除此之外，这种方式也有利于保障广大农民的切身利益。

第四章 城镇化背景下农村土地资源开发与整治分析

在我国，工业化与城镇化的快速发展对土地资源供需产生了极大的影响。虽然我国土地整治起步晚，农业产业化水平也相对较低，但随着研究的深入，人们对土地整治有了更加全面的了解，在国家展开新一轮全国土地整治规划以后，依托产业模式建设高标准基本农田，推动农业产业化发展成为国家发展农村经济的主导方向。

第一节 农村土地资源开发

一、土地资源开发

（一）土地资源开发的含义

土地资源开发，简称土地开发，不仅包括生荒地、滩涂等土地开垦，还包括对已经开垦和没有开垦土地的利用深度的开发。例如，对还没有利用的土地通过一定的技术经济手段改造后投入非农业建设利用；将农业用地经过平整和基础设施建设后转为非农业建设用地；对利用不充分、生产效益低下的土地加以改造；对基础设施不配套的居住区加以改造等。

（二）土地资源开发的类型

1.宜农荒地的开发

宜农荒地是指在现代经济技术条件下，适合开垦为种植农作物或牧草的天然草地、林地和其他未被利用的土地。以前这一类型的土地开发是人类开发活动的主体，目前世界上可以用来开发的大片荒地已经不多了，我国的宜农荒地数量少、质量差，主要分布在西部偏远地区及山区。

2.沿海滩涂的开发

沿海滩涂又称"海涂"，主要指分布在沿海潮间带的那部分涨潮淹没、退潮露出的土地。从开发利用的角度来看，滩涂不仅包括全部潮间带，还包括潮上带和潮下带可以开发利用的部分，包括高滩（潮上带）、中滩（潮间带）和低滩（潮下带）。

3.农地整治开发

农地整治开发就是利用现有的经济技术水平，对利用率低的农用土地如中低产田、自然生产的牧草地等进行改造，改善它们的利用条件。目前，虽然已经开发利用的农地面积很大，但许多地区的利用效益不高，仍然具有广阔的开发前景。

4.闲散土地的开发

闲散土地，是指那些面积零碎、分布散乱的尚未利用的可用于开发经营的土地。闲散土地的开发就是将这些零碎散乱的土地开发成可以利用的土地。

5.建设用地的开发

建设用地是指建造城乡住宅和公共设施、工矿设施、交通水利设施、旅游设施、军事设施等的土地。建设用地的开发是指在规划的基础上，将区域内的农业用地或其他用地转变为建设用地，并进行生产生活设施的配套建设或改造，使它们适应人类发展需要，包括新区的开发和旧区的改造。建设用地的开发与其他类型的土地开发相比，具有投资高、社会经济效益高的特点，但大多数占用耕地，因此开发前必须进行充分的论证、合理的规划和严格的审批，杜绝乱开发。

二、宜农荒地资源开发

中国农业的发展从资源消耗型的传统增长方式转向可持续发展，更加注重农业资源的合理有效利用，对荒地的开发严格限制，避免造成资源环境的破坏。但宜农荒地作为我国重要的后备土地资源，开发是必然的，只是时间的问题，这就提醒我们在对荒地的开发过程中必须谨慎，应该严格遵循自然规律，尽可能提高荒地的利用效率，达到土地的可持续利用目标。

（一）宜农荒地的特点

宜农荒地包括荒山、荒沟、荒丘和荒滩，在一定的经济技术手段下，可开发为耕地、园地、林地、牧草地等农用地，一般具有以下特点。

1.远离城镇

宜农荒地大多数位于边远山区，人口稀少，土地相对贫瘠，开发利用难度较大，一般只能作为农用地。我国宜农荒地主要分布在北纬35°以北的地区，东北、内蒙古、西北比较集中，大致以"兴凯湖—通辽—兰州"为界，以西、以北宜农荒地约2867万km^2，占全国宜农荒地总量的82%。

2.区域开发程度低

宜农荒地一般是待开发的处女地，农业生产所需要的基础设施少，大部分地区距离灌溉水源较远，水利设施严重缺乏，交通不便，距离电力设施和电源供应地较远，开发利用的难度大。

3.数量少

宜农荒地可分为四类：一为不需采取改良措施即可开垦的荒地；二为稍加改良即可开垦的荒地；三为改良后方可开垦的荒地。中国现有宜农荒地3333万公顷；宜农作物荒地约1347万公顷，主要分布在新疆、黑龙江、内蒙古和甘肃。

（二）宜农荒地的开发原则

根据宜农荒地的特点，在开发时要遵循以下原则。

1.服从土地利用总体规划的原则

土地开发要以区域土地利用总体规划作为依据，土地开发的结构和布局必须与土地利用规划保持一致。

2.坚持生物多样性的原则

任何自然生态系统都有一个共同特点，就是生物多样化。生物多样化意味着食物网络比较复杂，每种生物的食物选择范围越自由和宽广，生物生存的可能性也就越大，不容易发生某种生物数量暴增暴跌的现象，有利于生态平衡。

（三）宜农荒地的开发途径

宜农荒地资源的开发是一个关系到农业开发成效、解决粮食短缺、缓解人地矛盾的现实问题，因而必须结合区域实际，因地制宜，采取科学合理的开发思路与措施，确保预期的开发效果。

1.完善资金投入机制

广泛吸纳社会资金。制定一系列优惠政策（如明确开发者的经营使用权；确定使用年限；在使用期内可以转包、转租；在贷款、物资、技术等方面优先给予安排等），鼓励集体和农民群众自筹资金搞开发，使农民逐步成为开发的投入主体。积极吸引外资，拓宽利用外资渠道，设法利用世界银行贷款，条件成熟的地方可成立宜农荒地开发投资公司，具体负责开发基金的管理与融资任务。

2.推行多方联动的开发模式

对于可以规模开发的连片荒地，可以开发为具有较高商品率的新农业生产基地，实现规模效益。如果乡、村经济实力较强的话，可以发挥国家和集体的优势，集中开垦，以集体经营的形式为主；如果乡、村实力较弱，可通过土地流转，借助外来资金的投入，进行联合开发经营。

对于分散的小块荒地，适宜农户分散开发，应鼓励农民就近开荒造田，开发成耕地、果园、茶园等，也可以鼓励有技术、有经营能力的大户进行承包、租赁经营。目前常用的开发模式如下。

政府统一开发。县、乡、村实行统一规划，共同投入，集中开发，解决基础设施，如水利设施、机耕道等，并且与农田基本建设和水利建设同步进行，完成土地一级开发。

山东省蒙阴县对于面积较大的宜农荒地采用"先治后包"的办法，由县、乡、村集中人力物力连片开发后，承包给群众经营管理，承包期定为50年不变，并允许继承和转让。县财政还从耕地占用税和扶贫资金中，拿出一部分用于奖励扶持土地开发先进个人，大大激发了广大农民开发土地的积极性。

租赁开发。宜农荒地多分布在人少地多的偏远地区，开发后的农业生产效益不高，当地农民种粮的积极性不高。租赁经营开发是值得推广的一种开发方式，在一定时期内（一般为30～50年）有偿转让荒地的经营权，允许跨社区、跨行业、跨所有制购买，一方面租期内农民能获得一定的租金收益，租期满后土地仍归农民所有；另一方面，外来的资金、技术、信息和当地农村劳动力结合，提高了农民收入，培养了一批具有一定专长的技农。

拍卖开发。在税费改革过程中，许多地方都掀起了一股拍卖土地的风气，如"四荒"（荒山、荒坡、荒沟、荒滩）拍卖，它是继家庭联产承包责任制之后土地制度建设的又一次变革和突破。虽然实质上还是租赁经营，但由于它明晰了土地产权，延长了土地承包期限，而且还可以继承和转让，消除了农民的思想顾虑，从而舍得向土地投资、投劳、投物，在较大范围内兴起了开发荒地的热潮，买主不仅仅限于农民，还有社会各界其他人士。这种开发方式一方面盘活了村级土地资源，使得许多抛荒地和荒山荒坡得到了开发利用，另一方面也缓解了村级债务压力。

扩大耕地的经营规模，实现农业机械化，提高劳动生产率和规模效益。家庭联产承包责任制有力地促进了农业生产，但由于土地细碎化，给经营者采用新技术、进行集约生产造成不便。荒地的开发中则应该尽可能地集中连片，建立多元化、高产高效的耕作制度，使土地集约化程度得到加强。

优化产业结构，采用间种、套种、立体种植等形式，实行农、林、牧、渔复合经营，提高单位面积土地的产出率。在土地适宜的前提下，根据国内外农产品市场需要，选择发展效益好、开发潜力大的粮食、经济作物和果品生产，兴办果园、茶园、林场和经济作物基地等专业化绿色企业，大规模提高农产品的商品率。

湖南省桂阳县的仁义渔场周围有大片宜农荒山，桂阳县政府投资100万元进行建设，完善渔业基础设施，在库旁建500m²猪舍、350m²羊圈和600m²禽舍，利用畜禽粪便养鱼；开垦周围宜农荒67km²种植板栗、黄槌子等，在果树中套种粮食，经济效益成倍增长。

3.强化开发管理

合理确定土地使用年限，开发后的土地使用权既可以承包、出租，也可以作价入股或拍卖。根据经营的项目确定使用年限，种植业用地一般5~10年，荒地拍卖一般在50~100年，防止因时间过长、定价不合理，造成土地收益流失。

三、闲散土地的开发利用

闲散土地具有面积小、分布散乱的特点，而且特性各异，开发利用模式也多种多样，需结合实际因地制宜地进行。

（一）闲散土地的类型

农村闲散土地主要指田头、地角、房前屋后、村边、路旁、河滩小片荒地、废弃的坑塘场院、工矿废弃地以及自然灾害破坏的土地等。概括起来有以下几类（如表4-1所示）。

表4-1　农村闲散土地的主要类型

类型	范围
田头地角	地头，水渠、水井两侧空闲地等
房前屋后	农户庭院，庭院外围空地等

类型	范围
村边路旁	村庄规划范围内的闲散地，乡村级公路两侧空地
河滩小片荒地	不同于"四荒"中的大面积荒滩，是分布零散的小面积河滩地
废弃地	废弃的坑塘、鱼虾池、晒谷场、砖场、窑场、采矿场等
灾毁土地	受洪灾、涝灾、塌陷、泥石流、滑坡等自然灾害毁坏的土地

（二）闲散土地的利用形式

1.地坡经济

地坡经济是指在农田地坡种植适宜植物，提高农田产量及效益的一种种植形式。农业生产责任制的实行，使耕地大块变小块，田埂、地坡也就相应多起来，据计算，平原地区的地坡占耕地面积的5%左右，梯田区地坡的面积可占到7%~12%，50%以上的地坡可以得到有效利用，但基本上没有得到充分利用。目前我国的地坡经济多是结合水土保护工程进行的，取得了很好的效果，如黑龙江拜泉县胡枝子防冲埂的建设、陕西凤县的地坡花椒树建设等。

（1）地坡经济的效益分析

地坡植物的种植不仅可提高农业收入，还具有很高的生态价值。主要表现如下。

增加农业收入。有人算过一笔账，全国10亿农民，每人利用田埂多产5kg粮食，全国就增收粮食50亿kg，每kg 2元钱，全国农业经济就增收100亿元。地坡经济收入的增加源于两个部分：一是源于地坡作物本身的经济价值，以张家口市怀安县的地坡紫穗槐为例，一棵多年生紫穗槐可产枝条3~5kg，折合亩产900~1650kg。目前每年可产紫槐条1000多万kg，收入300多万元，地坡紫穗槐成为全县农村经济的一大支柱产业；二是源于大田内作物产量的提高，坡上生物增强了土壤抗蚀性和地坡稳定性，增加了土壤水分和养分，能大幅度提高产出量。

有利于水土保持。地坡生物多根系发达，枝繁叶茂，丛冠和枯枝落叶可以有效截留降雨，防止土壤溅蚀，使水流的冲刷能力大大减弱，减少地表径流，保护坡面。

改善生态环境。生物地坡形成了绿色"篱笆"，可降低田间风速，减轻大风对于农作物的吹折及表土层的吹蚀，增加农田水分和积雪，改善农田气候。

（2）发展地坡经济应遵循的原则

提高综合经济效益原则。遵循自然规律，结合市场需求，选择经济价值高的种植品种，合理利用，发展多种农林牧立体种植的集约经营模式，增加农民的收益，改善生活水平。

统筹兼顾、全面发展的原则。充分利用水地资源，乔、灌、草结合，对地埂进行系统开发，科学配置，分层次增加绿色植被，近期建设开发与长远利益相结合，经济、生态和社会三种效益兼顾。

（3）发展地坡经济的措施

科学规划。做好地坡开发的综合规划，规划应着眼县、乡农村经济发展，进行科学决策，合理布局，精选种植品种，开展多种经营，改农业单一经营为农、林、牧全面发展集约经营。

政府扶持。对于综合效益好的地坡经济，政府应给予大力扶持与鼓励，制定相应的优惠政策，如资金补助、技术扶持等，充分调动农民的种植积极性。河北省鹿泉市为加快"地坡经济"示范工程建设，出台了相应的优惠扶持政策。该市规定，凡是用地坡、地边、地角空间栽植苗木的乡镇、村以及农户，一律可以免费领取林业局提供的花椒、石榴、香椿、核桃、枣树等优质经济苗木。并举办了6期技术培训班，林业局还派出专业技术人员分包重点乡镇，蹲点到村，确保栽一棵、活一棵，提高了"地坡经济"的综合效益。

广泛宣传。充分利用电视、广播、宣传栏、标语等各种宣传载体，广泛宣传地坡经济的优势，可以着力培养几个典型的带头人，做到以点带面。

四、村庄建设用地整理

村庄建设用地包括农村住宅、公共设施、交通水利设施用地、乡镇企业等。适应新农村建设的要求，各地村庄建设用地整理工作正在逐步展开。

（一）村庄建设用地存在的问题

当前我国村庄建设用地存在的问题很多，比较普遍而且典型的问题主要表现在以下几个方面。

1.住宅建设散乱，土地浪费严重

农村建房缺乏统一规划、统一设计。许多农民任意扩大房前屋后院墙，占用责任田、自留地随意选址建房，造成村庄布局混乱，面积形状各异，形成了"满天星"式的分布格局，不利于农业的规模化和集约化经营。

2.村庄盲目扩张，耕地资源减少

近年来，农村建房热衷于弃旧建新，批划新宅基地，村庄纷纷向外扩张，主要表现在新宅基地沿公路线状延伸，公路通到哪，新房就建到哪。新房建成后，致使老宅基地荒芜，还有一部分外出务工人员已经不在农村居住，但仍然占据宅基地，形成村庄"四周新房林立，内部破破烂烂"的局面，原村庄内部居住人口减少，形成"空心村"，而这些新宅基地占用的多是交通便利、长期耕作、土质肥沃、农业基础设施较完善的耕地，使得本来就稀缺的耕地资源被逐步蚕食。

根据陈晓华等人对部分村庄的实地调查，长年不在村庄居住的人口一般占所在村庄总人口的40%以上，留在村中的多为老年人、妇女和儿童，很多房屋除春节期间外平时无人居住，村落分散化和空心化现象非常突出。

3.基础设施落后，村容村貌亟待改善

目前我国很大一部分农村呈现"新房无新貌，旧房脏乱差"的村貌，公

用设施和公共空间缺乏，基础配套设施长期落后。道路狭窄不成网，高低不平；道路两侧各种管线林立，杆线零乱；给排水无要求。

（二）"空心村"闲置土地的开发利用

"空心村"整治是农村建设用地整理的重要内容，也是新农村建设的主要任务之一。空心村整治重点在宅基地，目前，对于"空心村"中宅基地的整治还处于探索和尝试阶段，可借鉴的成熟经验还很少。概括起来有以下几种。

第一种，框定村界，存量改造。对于宅基地超标现象不严重、集体经济实力弱的村，根据国土资源部门的核定，划定村界，裁定界桩，禁止界外建房；对村内宅基地的使用面积、宅基片数、亩数统一丈量核实，制定宅基地规划，制定村庄住宅建设标准；分片分期调整农户宅基地，坚持一户一宅，所有建房户原则上必须先收回原宅基地，才可批建新房，以"老"换"新"。新建、改建住宅必须符合村庄建设标准，完善村庄配套设施，逐步改善村容村貌。

第二种，收回超占，集体开发。对于宅基地纠纷多的村，由国土部门和集体出面对超占、乱占、废弃宅基地依法有序全部收回，经合并整理后，除少部分作为公共设施用地、宅基预留地外，其他可承包给个人搞种养加工或建立村办企业。

第三种，宅田挂钩，股份开发。对于宅基超标部分要依法收回，短期内实在不能收回的，可适当征收土地使用费或按耕地收取一定的承包费，用来奖励其他不超标农户和进行公共设施建设。对暂不建房的宅基，由户主进行耕种；对一户一宅以外但又不能统一开发的零散宅基，种植股份树，变荒为绿。

第四种，逐步置换，整体搬迁。对于经济基础较好、旧村改造困难的村，可以通过多渠道筹集资金，建设统一规划、统一标准、统一管理的新型住宅小区，空出的旧村由村集体统一开发管理，以复耕还田为主。

2005年，河北省曲周县通过盘活"空心村"，全县62个试点村硬化乡村道路180多千米；清理拆除破旧房屋2万多平方米，打通街道42条；3 640户农民住上了宽敞、明亮的小康住宅，建成了"无烟、无灰、节能、干净"的绿色生态家园。"空心村"的治理累计为曲周县腾出土地2 200多亩，用于高效种养，发展无公害蔬菜1 500多亩；农村房前屋后、街边路旁、村外田间植树130多万株。

第二节　土地整治促进农业现代化发展的区域差异分析

一、区域资源差异与分工协作理论

（一）农业地域分异规律与因地制宜原则

由于农村各地域之间存在着明显的不同之处，因此农业产业表现出最明显的特征就是地域性特征，但是在有一些区域之间又存在着一定的相似性。农业地域之间产生差异的原因以及条件都在农业地域分异规律中体现了出来，同时，该分异规律还表明了地域之间的相关关系以及地域差异所呈现出的特点，农业地域分异规律是一条较为特殊的规律，它的出现离不开经济规律与自然规律之间的相互影响和相互作用。

农业产业的地域性差异主要表现在三个方面。

第一个方面是关于农业的自然条件，农业的自然资源以及对这些资源的开发与利用上，在不同的农村区域有着明显的差异。例如，山区与平原在地形上有着明显的不同，热带与寒带在温度上有着明显的不同，而这些不同又会导致当地的土壤和水分等条件出现不同，因而在开发不同地区以及利用不同地区的资源时，要注意使用不同的方法。例如，在热带就只能种植喜温的农作物，而在寒带则要种植耐寒的农作物。而正是因为这些不同的方法，使各个地区呈现出了具有本地特点的农业生态环境。

第二个方面是关于农业生产的部门因地理位置的不同，在其结构与分布上有着明显的差异。如果是在沿海地区，其主要的农业生产类型为渔业；如果是在山区，其主要的农业生产类型为林业；如果是在草原，其主要的农业生产类型为畜牧业；如果是在平原，其主要的农业生产类型为种植业。

第三个方面是所使用的农业技术的差异，这些技术包括耕作的模式、灌溉的方式以及所使用的生产工具等各个方面的内容，正是有了这些内容的差异性，才使得农业生产在不同区域内呈现出了明显的差异。

产生农业地域分异的首要原因在于各地区自然环境的差异，除此之外，使各农业地域之间产生差异的原因还有很多，但该原因是最基础的内容。不同地区的自然环境条件决定了不同地区所实施的农业生产活动，为了配合自然环境实现农业生产就需要有技术条件以及劳动力等许多条件的配合，同时所生产的农作物还要能够满足人们的需求。

事实上，不只是农业，在我国的不同地区，其经济技术和社会发展等方面也具有明显的差异，而这种差异又间接影响着各地区农业生产的差异。由此可见，农业地域差异并不是突然出现的，而是在自然、技术以及经济长期的相互作用下一点一点积累而成的。

（二）区域分工理论

从马克思的观点看来，民族分工的发展程度最能体现该民族的生产力发展水平，其分工的内容包括部门之间的分工、企业之间的分工以及企业内部的分工，同时，某一个部门在不同地域之间的分工也属于其中的一部分内容。不同的地区需要专门用于生产某种产品，这种产品可以是某一产品中的某一部分，也可以是具体的某一类产品。

通过分析经济发展的规律我们可以了解到，分工是能够促进经济发展并产生经济效益的。经济之所以得到发展，是因为资源得到了合理的配置，而合理配置资源的方式就是将不同区域之间存在的差异资源进行优化组合，让这些差异资源相互流动起来，同时这也是最简单的一种方式。

正是因为如此，能够推动地区经济发展的，只有区域分工协作理论，在进行区域规划的过程中，该理论又为决定区域发展的方向和确定农村产业结构提供了有效的指导。

关于区域资源差异和劳动分工理论，其中包含许多经济方面的理论内容。例如，亚当·斯密（Adam Smith）的绝对利益说，该理论学说来自古典经济学派；赫克歇尔（Eli Filip Heckscher）—俄林（Ohlin）的资源禀赋说，该理论学说来自现代经济学中的瑞典学派等。从斯密的绝对利益说的观点来看，如果在某一些地区中生产某一类产品时，其生产效益同其他地区相比具有一定的优势，那么该地区所使用的劳动力的数量以及资金的占比用量都不会高于其他地区，同时，不同的地区所发展的产业和生产的产品都是不同的，如果这些地区互相交换它们的优势，所有的地区都能得到一定的利益。如今，人们将这种利益称为绝对利益。区域间的商品之所以能在价格和成本上产生优势，是因为区域间有成本差的存在，这种存在也同样会使区域生产产生绝对利益。从该学说的结论可以发现，不同的区域在生产商品时始终依靠着本地区的生产优势，并且在不违背自由贸易政策的条件下，就会提高该区域的商品生产总量以及各自所得。

大卫·李嘉图（David Ricardo）是斯密学说的发展者，《政治经济学及赋税原理》是其于1817年发表的理论学说，在书中，李嘉图对斯密所提出的劳动地域分工学说进行了发展。李嘉图认为，并不是每一个不同的国家所生产的产品就一定是不同的，有一些能够产生较大利益的产品，也可能需要几个国家的力量才能完成生产活动，之后再将产品进行对外贸易交换。在这种背景下所生产出来的商品不仅不会使劳动力和资本发生改变，还会提升社会生产总量。

有一些地区的自然条件、地理位置以及交通条件都会比其他的地区好一些，这样的地区在这些条件的加持下，其生产也具有一定的优势；相反，一些原有基础比较差的地区，经过生产所产生的相对效益也不会很好。因此，在进行地区分工时所依据的原则为"劣中取优"以及"优中取优"，这样才能提高社会总量，让每一个参与的地区都能得到利益，这种利益就被称为比较利益。

（三）区域经济专业化理论

区域经济专业化的另一个名称为生产专门化，这实际上是一种在区域范围内发生的经济现象，产生这种经济现象的原因在于社会生产力以及商品经济在一定程度上得到了发展。这种现象的产生证明了有一些具有优势的产业或者部门，其生产规模以及市场范围正处于不断扩大的阶段，或正向扩大的阶段发展中，同时，这个过程又满足了地域分工的客观需要。区域经济专业化在该理论中被看作一种客观产物存在于区域经济发展中。

之所以要对农村区域进行规划，主要是想让区域内的农村生产能够做到合理分工，并通过这种分工的方式将其所在地区的生产潜力充分地发挥出来。并且，经过了分工，就需要各个区域进行协作，从而形成产业布局体系，并在其合理的作用下推动农村的社会经济得到全方位的发展。由此可见，在农村区域规划中，地区专业化理论以及劳动地域分工理论都是十分重要的理论基础内容。

二、区域产业结构的关联和地域生产综合体理论

分析各个国家其经济发展的历史能够发现，经济发展所包含的内容不止有总量增长，还有产业结构的变化发展。同样，在区域经济发展的过程中，支撑着区域经济增长的是区域产业结构，对区域经济增长的潜能起决定性作用的也是区域产业结构。

在区域理论中有一对能够对应于补充的理论内容，即劳动地域分工协作理论与地域生产综合体理论和区域产业结构关联理论。该理论内容证明了，所有的区域如果得到了发展，一定会通过结合该地区的生产专业化以及生产综合化表现出来，同时，推动该区域经济得到发展的，是通过各个区域之间的交流与竞争来实现的。

因此，区域产业结构的关联理论和地域生产综合体理论，对区域规划中组织区域分工以及整个区际经济的发展具有重要的指导意义。

（一）区域产业结构关联理论

当不同的产业之间形成了量的比例关系、质的联系以及其他的相关关系，这些关系的总和便同经济空间中的产业构成一同组成了区域产业结构。

《经济发展战略》一书由赫希曼（Albert Otto Hirschman）编写并于1958年正式发表，在书中赫希曼表示，每一项产业活动都会因出现一个新的产业受到相应的影响，这种影响可以是直接的也可以是间接的，同时，在这些产业之间还会产生一定的关联，赫希曼将这种关联分为两类：一类为前向效应，即某些产业的原料供应方是新出现的某个产业所制作的产品，同时在其支持下，使得该产业得到了发展；另一类为后向效应，即有一些新出现的产业，其对于生产产品所需要的原料以及其他产业所提供的产品等有着较高的要求，这时，原料产业就会得到发展，也可能会推动许多新的原料产业出现。

产业关联理论是由赫希曼提出的，区域产业间的投入产出模型是由列昂节夫提出的，尾崎岩在结合这两点理论之后，对不同产业关联结构的特征和不同产业的技术特征进行了深入的研究，并将产业一共分成了六种不同的类型：第一类为大容量处理型产业，第二类为大规模装配生产型产业，第三类为资本使用型产业，第四类为收益稳定型产业，第五类为劳动使用型产业，第六类为劳动使用兼具资本弹性型产业。其中，前三类产业统称为资本集约型产业，后三类产业统称为劳动集约型产业。

之后尾崎岩又根据这些产业类型提出了在不同产业结构群之间所产生的关联规律。例如，如果是中间产品产业，应使用大容量处理型产业以及资本使用型产业所使用的技术；如果是生产资料产业，应使用大规模装配生产型产业所使用的技术等。

（二）区域经济综合发展理论

社会再生产理论是由马克思提出的，平衡发展理论是西方发展经济学中的理论内容，结合这两种理论并在其基础上提出了区域经济综合发展理论，同时该理论也属于一种产业配置理论。

在区域经济综合发展理论中，将区域经济的协调发展看作按照一定的比例实现的，即区域内的各个产业部门的结合都是按照合理的比例关系进行的，经过结合之后的产业部门会将生产所需的资源都充分地利用起来，主要为劳动力资源和自然资源，同时，区域经济也在这样的条件下得到了全面发展与协调发展。客观必然性是其余经济综合发展的主要特性，在该理论中，将具有这种特性的原因分为了五点。

第一点，在推动区域经济得到适度综合发展的同时，保证区域中各生产部门之间始终保持着比例关系，是推动区域社会再生产的重要条件，从长远的角度来看，为使区域社会再生产能够得到发展，并从根本上得到保证，只依靠其他区域的"进口"活动或只依靠本区域单一的产业结构都是没有实现的。

第二点，为能将区域内的所有资源进行充分的利用，所提出的必然要求就是区域经济的综合发展，只有这样才能保证区域中的资源不会出现短缺或浪费的情况，还能将资源进行合理的配置。

第三点，想要做到将区域内的各项需求全部都满足，就要保证区域经济的综合发展。在生产的过程中，产业会提出各种各样的需求，而这些需求只依靠单一的产业结构或单一的产业配置是不可能得到满足的。

第四点，想要将产业的聚集效益以及产业的外部效益都充分地利用起来，就需要做到区域经济的综合发展。如果只是单纯地扩大同一类别的产业是没有办法实现产业聚集效益和产业外部效益的，还需要产业的活动位置能够彼此靠近。如果发展多样化产业，也同样可以获得聚集效益和外部效益，同时有新效益产生的可能。例如，转移产业间的技术、结合产业间的技术，这种新效益在不同类别的产业之间也会出现。

第五点，若想让区域产业结构具有更优质的转型能力以及更高的适应弹性，就需要区域经济的综合发展。当社会的需求发生了变化，产业的结构也就随之发生了改变，因需求变化更多样化，才使综合型的区域产业结构向多样化产业的方向发展，并使其产生了适应弹性，产业资源也能在较短的时间内，在产业间经过重新地配置和组合，实现产出地重组。当国际市场发生的变化比较大时，专业化的区域产业结构就没有这种适应弹性，并且在其他专业化产品市场发生变化时也是一样的。

第五章　城镇化背景下农村土地流转市场的构建分析

　　乡村振兴、现代农村建设战略的全面实行背景下，土地开发与利用的形式不断转变，一方面促进了土地流转速率的加快，对农业产业多元化发展、农民生产效益的提升、土地资源配置结构的优化改革起着重要的支持作用；另一方面，复杂的土地经营形式与土地流转的规模化、集成化发展，也对农村经济的整体发展产生了多方面的影响，在经营管理实践工作中，面临土地流转流程不规范、地区经济发展不均衡等风险问题，需要土地经营与农村经管相关单位立足实际，统筹全局，合理规划，建立健全土地流转权责管理机制，为农村经济的现代化、长效性、稳定性发展提供坚实的保障。

第一节 农村土地流转的必要性

新农村整体建设进程的不断推进，对农村经济原有的调控、管理与规划形式提出了创新的要求，针对当前土地流转形式的多样化、规模的扩大化以及速率加快、主体多元等发展局势，需要管理部门加强与企业、经济单位等相关组织的联合，从整体、长效发展的层面出发，制定规范性的管理机制，强化流转流程的监管，合理发挥政策引导作用，调动农民参与改革的积极性，全面、有序推进新农村建设目标的实现。

一、土地流转对农村经济建设的积极作用

（一）全面提升了农民的经济收益

土地流转规模的不断扩大与速率逐步加快，对农民整体经济收入有着直接的影响。一方面，土地经营形式的多样化发展，使得土地资源的配置结构不断优化，土地经营效益的收入途径被进一步扩展，农民可以通过直接与间接相结合的形式获得更高的收益；另一方面，土地经营的规模化、集成化发展，也进一步促进了农业生产机械化、自动化水平的提升，缩减了农业生产的实际成本，对土地价值的开发更深入。从当前农村经济整体发展形势来看，由于部分农村农业生产与经营模式相对滞后，大量的劳动力外流，荒废土地的比例提升，导致土地资源被浪费。农村土地流转被提出和实施落实后，农户家庭即使不从事农业生产行业，也能够得到由土地流转获取的租

金，全面提升了农民的农业经济收益，也对新农村的快速建设起到了重要的推动作用。

（二）提高了农业生产资源的整合效率

农行产业作为我国经济现代化发展建设的重要环节，随着生产方式、经营方式与农业产业整体结构改革的推进，农业生产资源的开发与整合形式也需要进一步调整，才能更好地满足农民生产、生活的差异化需求，深入农民群众，落实乡村振兴建设战略。在土地流转的综合管理机制建设方面，政府与农民、企业及相关经济组织的合作更深入，基于协同化建设与管理思维，在转变了原有流转管理形式的同时，整合了农村经济产业链，通过建立农产品深加工、打通上下游农产品生产与销售渠道等方式，为集成化的土地经营管理提供了有力的支持，优化了土地资源实际开发与利用形式，加快了农业经济现代化建设的速率。

（三）推动了农业经济结构的多元化建设

在农业经济现代化发展进程中，合理的土地流转规划与形式，可以为绿色、高效、科学的农业生产提供支持，同时，对于农业产业集成化效应的发挥也有着重要的推动作用。农业生产与经营主体将分散、小规模的农业资源集中整合，借助现代农业生产技术，实现产能的提升。除此之外，生产方还可以结合农产品市场需求结构的变化，对原有的生产结构进行优化调整，推进多元化经济产业模式的建设，降低单一化生产的风险，有利于增强农业生产综合质效，是现代农业发展战略全面落实的重要途径。

二、土地流转综合管理形式转变面临的风险问题

（一）土地流转模式的多样化转变

土地流转形式、经营主体、管理环境等方面的复杂化、多样化特征，提升了土地管理的实际难度。与此同时，农业经济受管理形式改革的影响，产业结构、布局与发展规划也需要进一步深化调整。当前阶段，按照土地流转性质的不同，具体经营模式分为交换、转让、出租、股份合作四种。从农业经济现代发展形势来看，存在土地流转速率差距较大、资源分布不均衡的问题。较为偏远地区的农村，存在流转效率低、面积小、形式不合理等问题，土地经营形式的改革停滞不前，不仅对现代化、机械化农业生产模式的建设具有一定的阻碍影响，由于不同区域经济发展水平差距较大，也在一定程度上影响了城乡一体化、协同化建设目标的落实。需要相关管理部门予以重视，集中资源，大力推进土地管理现代化改革的全面实行。

（二）土地流转管理机制存在滞后性

从当前农村地区土地开发形式来看，尽管土地流转的整体交易量大幅度提升，促进了土地资源开发效益的全面提升，但由于市场管理机制不完善，交易平台的建设不成熟，使得部分土地流转管理流程不规范、信息公布不及时，交易监管力度有待加强。出现该种问题的主要原因包括：一是农民在土地流转交易流程中缺乏专业性、针对性的指导，对土地的经营管理模式认识不全面，使得流转行为存在不科学、随意性强等问题，如部分土地流转项目以口头约定为主，或是签订合同未经专业机构公证等，存在巨大的法律风险；二是部分经营者未按照合同对土地进行开发，擅自更改土地用途，没有遵照环境保护要求进行开发，对周边生态造成了破坏性的影响，对于农村经济的可持续、科学性发展有着不利影响。

第二节　农村土地承包经营权流转监管的法律问题研究

一、农村土地经营权流转存在的问题

（一）法律可操作性较弱

由于我国目前关于农村土地流转还没有一套完整的法律法规，实践中处理纠纷时大都采用《农村土地承包法》《农村土地承包经营纠纷调解仲裁法》和《农村土地承包经营权流转管理办法》等，但这些法律对流转中的权利义务只做了原则性规定，对流转过程中比较复杂问题的解决及纠纷化解的可操作性比较弱。此外，法律本身的局限性和政策法律化的长期性使得农村土地流转问题的法律与政策规范不尽相同的矛盾凸显，平衡法的滞后性与政策的频繁调整是梳理解决好农村土地流转问题的关键。

（二）基础服务能力弱

农村土地流转政策宣讲、信息沟通以及合同签订等服务以前都是由乡镇机构专门人员负责。随着前些年乡镇机构中农经干部编制的取消，土地流转工作现在服务效率不高，工作比较无序，严重影响了土地经营权流转的正常进行。

（三）土地价格评估机制不完善

土地价格受位置、土质、市场供求等因素影响，其流转价格直接关系到各方利益，应该主要通过服务机构组织专家评估或通过市场竞争形成。但目前多数价格确定比较随意，缺乏信息一方甚至是纯粹的价格接受者，因此，土地评估工作的不完善，价格形成的不科学、不公平，不利于土地入股、土地流转市场的健康发展。

（四）流转地非粮化、非农化较多

从全国已流转土地用途看，受让方用于发展果蔬、茶叶、养殖等经济作物的较多，种植水稻、小麦、玉米等粮食作物的较少。因粮食产量和价格都不高，即使有政府价格补贴，大家的种植积极性也不高。对于适宜粮食种植的地方，法律应规定不能改变土地用途。

（五）土地利用不合理，土壤污染严重

一些经营者为追求短期利益，抢时间、赶季节，盲目过量地施肥、施药。滥施肥、滥用药，导致土壤结构破坏严重，大量板化，使产量越来越低。

（六）农业发展资金严重不足

资金不足是农业发展的瓶颈，大多金融机构对土地经营预期收益放贷顾虑较多，对土地抵押贷款不积极，找各种理由拒绝的较多。

二、农村土地经营权流转存在问题原因

（一）土地流转过程中法制不健全

目前我国农村土地流转过程中还存在较多表述模糊、规定不科学且缺乏可操作性的法律规范。如土地经营者每单位面积应该给承包者多少费用比较合适；国家补贴发放给承包者还是经营者，各自比例多少且是耕种前发还是耕种后发；由谁发，怎么发，谁监督，怎么监督；对集体外主体来经营还需发包人同意，这给对当地情况本来就不熟悉的外乡人增加了可进入的门槛，这对外地竞争者不公平。这一系列问题文件都没有细化，导致流转风险和纠纷不断，严重影响土地流转的正常进行。

（二）对不积极参与土地流转行为缺乏管控机制

国家对农民及基层组织不积极参与土地流转行为缺乏管控机制。土地是公有财产，在农村属集体所有，资源短缺有限，应积极有效利用。由于受几千年形成的"土地是农民命根子"的思想影响，较多农民土地流转意识不强，自己不愿种也不愿流转给别人种，导致土地荒芜。并且土地撂荒对农民自己也没多大损失，政府也不会追究责任。由于无必须耕种压力，导致一些地方特别是西部山地丘陵土地撂荒有扩大趋势，有的可耕地撂荒十多年已杂草丛生。此外，基层组织管理工作也不是很到位。在土地流转过程中，有的村干部没有按照土地流转制度办事，缺乏法律意识，甚至凭借个人权威、个人喜好、个人利益开展工作，没有充分尊重农户意愿和民主原则，也是导致土地流转没成功或产生纠纷的原因。

（三）农民法律意识不很强

由于受文化程度和宣传不到位影响，较多农民对土地撂荒的危害性，土地经营权流转的必要性、规范性、事后监督耕种重要性的认识不足，可能使流转过程不畅，甚至出现一些法律纠纷。较多农民没有签订土地流转书面协议意识，多以口头协议的方式，偶尔会找熟知的中间人佐证，从而导致产生纠纷后失去法律保护的问题。

（四）农业基础设施落后

农村不少地方是丘陵、山地、沙漠等，自然条件和生产条件相对较差，虽然政府进行过整治改造，但未改造的地区仍居多。较差环境条件使农业产值和收入都比较低，致使一些农民主动弃耕。

三、农村土地经营权流转法治对策

（一）构建农村土地经营权流转法治体系

制度的执行必须依靠法律保障，农村土地流转涉及多方主体，必须建立科学完善的法制体系，以使各方利益受到保护，行为受到监督，纠纷得到化解。目前应注重以下内容。

1.完善土地经营权流转法制

要深入调研我国现行土地流转过程中具体困境及纠纷的共通性，出台一套符合农村现状、可操作性强的法律法规，为农村土地流转助力。如经营权流转无论是集体内还是集体外受让人都应变发包人同意制度为备案制度。鼓励社会上愿意的机构及公民都积极参与到土地流转的竞争中，实行缴纳保证金制度即可。

2.加大对土地撂荒行为的管控

（1）通过政策法规的大力宣传，提高人们对撂荒危害性及流转必要性的认识。土地不是私有财产，是一种不可再生的公有社会资源，任何人都无权浪费，都不能无偿地长期占有。土地撂荒已经对社会资源造成了不可估量的浪费损失，严格意义讲已经触犯了法律。如果撂荒持续下去，我国14亿人将口粮难保。政府应采取一些措施，引导农民积极耕种或积极流转土地，主动承担责任，提高农民对土地撂荒危害、对经营权流转重要性的认识。

（2）出台促进土地流转的法律法规。禁止农民私自撂荒土地，对已经撂荒的土地，政府应该鼓励农民重新耕种。对撂荒2年及以上的应无偿收回，取消一定期限如2年再承包资格。对于没严格按照土地用途流转行为，有关监督部门要严肃查处，如中止合同和罚款等，避免土地变为他用。

（3）完善补贴配套制度。农业补贴可依据产出产值情况事后量化进行，避免圈地后坐收政府补贴的寻租行为。创造价值越大，补贴就越多，不搞"一刀切"，鼓励多种粮、多养猪、多种养需要大量进口的农副产品，可加大补贴力度。补贴资金由专门机构直接发到经营者手中，并实行公示制。建议补贴资金向经营者倾斜，谁耕养谁受益多，机会均等。

3.健全土地流转服务管理机制

（1）设立管理机构及人员。县及乡镇应设立专门机构及服务人员，定编定岗定员，落实工作责任，依法引导、规范流转行为。组织做好政策宣讲、合同签订、登记变更备案、台账和档案管理等工作。

（2）建立农村土地流转交易平台。政府要结合当地特色，建立土地流转交易平台，设立县土地流转服务中心，组织协调跨乡镇村的大宗土地流转工作，进行土地价格评估、信息发布及流转过程监管等工作。

（二）完善农民社会保障制度

农村"靠天吃饭"的微薄收入和不完善的社会保障制度是造成大量农民离开家乡外出务工的主要原因。城乡二元结构形成了不同的城乡居民社会保障体系。农村土地不仅具有生产功能，而且在很大程度上具有社会保障功能。所以只有通过不断提升新型农村医保水平，完善农民养老保险制度，扩大居民最低生活保障范围，加快户籍制度改革，不断拓宽农民就业渠道等方式，切实提高农民生活质量，才能使广大农民更有底气积极投身于土地流转改革中。目前，政府实施的人口300万以下的城市落户无门槛限制，租房与购房家庭小孩读书享受同等待遇等政策，为城乡一体化发展、城市化进程的加速以及农村土地经营权流转创造了条件。

（三）健全土地流转模式

农村土地流转的目的在于将碎片化的土地集中起来进行规模化经营，在于将农业基础设施落后而撂荒多年的土地进行再经营，目前土地经营权流转可采取以下模式。

1.鼓励成立多种形式的合作社

农民可以通过转包、出租、入股等方式实现土地流转，企业可将土地尽量集中在规定范围内实行规模化经营，可吸收当地农户土地入股等方式，成立各种农副土特产品的农村合作社、农民合作组织。农民专业合作社的参与性、开放性以及各方身份的平等性，容易获得农民的相信和支持，可以降低合同执行、监督成本。

2.建议土地受让方范围扩大到他乡个人

2018年修订的《农村土地承包法》，农地承包经营权的受让方要求具有农业经营能力或者资质。"能力"方面很难事前衡量，"资质"方面建议他乡的企业和城乡居民个人均可参与，只要先缴纳有关费用即可。特别是不便机械化作业，几乎没有企业问津的撂荒地，更应鼓励个人投资者经营。

（1）鼓励农民工回乡或到他乡创业。农民工回乡或他乡创业有较多优势，能吃苦，有一定的农业生产经验，可利用外出务工学到的先进技术及积累的资金优势，结合当地农业特点，发展一些特色农业，引领当地群众生产经营，可减缓或杜绝愈演愈剧的撂荒趋势。

（2）鼓励大学生到农村创业。我国每年有几百万大学生毕业，2021年就达909万人。每年暂时未就业加上往年毕业又再择业大学生人数，队伍庞大。政府可采取支持政策，鼓励大学生下乡创业，投入到农村的一二三产业中发展。农村广阔天地，大有作为。

（3）鼓励各类离退休人员下乡创业发挥余热。大量刚恢复高考后离开农村的公民及下乡知青，近两年离退休者较多，其中不乏各行业精英，他们中的一些人身体还比较好，也有发展新农村的情节，有机会还是愿意到农村发挥余热。

以上3类个体人员回乡或到农村成为新农地经营者，应该不愁种养生产、加工、管理、销售及筹集资金能力，农忙时亲朋好友或各种微信群、QQ群里发出招工信息，不乏愿意助力的劳动者，他们应该也可以成为新农村建设的一支主力军。

（四）健全新农村基础设施建设机制

要大力发展农村经济，必须具备发展的基本条件，不管是对本地还是外来生产者都如此。政府在这方面必须加大投资。

1.改善农村基础设施条件

加强农村道路、水电、电视、通信网络建设，为投资者在农村的生产生活提供基本保障，使网上售货成为可能，稳定生产。

2.改善农业生产基本条件

通过土地整治、水利建设、道路加固等项目实施，增强农业抵御自然灾害的能力，实现土地遇旱能灌、遇涝能排，增强生产的稳定性。同时，完善农业保险制度，保障农业生产可能的损失。

3.提供简单的租房居住条件

政府可集中原来农户的废旧房屋进行简单粉饰或新建简单平板房出租给外来的经营者居住，为经营者创造能生产生活的简单环境。只有道路、水源、居住等基本问题得以解决，经营者才可能安营扎寨，规模化土地、撂荒土地才可能持续经营。

4.增强政府发展农业的筹资能力及绩效考核力度

为激励政府对农村基础设施建设投资的积极性，可将其对农业基础设施建设投资情况纳入政府的绩效考核中。同时可发行一些债券专门用于农业农村基础设施的建设，比有些地方政府发行几亿元甚至几百亿元债券修建豪华办公楼、超大体育馆、超大面积大学城而又成为烂尾楼更有价值。

第三节　我国农村土地流转市场的构建

一、统筹全局，科学规划土地流转整体建设路线

在现代农村建设规划不断优化改革的背景下，土地流转的整体规划、实践形式与管理目标等都发生了相应的转变，为有效、全面贯彻乡村振兴新农村建设目标，需要中央与各级政府单位发挥统筹协调、政策引导方面的作用，在正确认识农村经济创新发展需求的基础上，细化管理目标。一方面，政府相关部门应做好统筹规划工作，从宏观建设层面出发，对土地流转相关政策与地区土地实际流转面积、速率、范围等信息进行调查分析，建立多元纠纷解决机制，科学、高效地应对土地流转经营带来的相关风险。同时，在特殊地区，应根据土地开发利用具体形式与需求，制定针对性的经济建设规划，全面落实土地经营管理规划，为土地价值的合理开发夯实基础。另一方面，管理部门应建立高效协调沟通渠道，引导区域土地生产、加工、销售等相关经济单位深化合作，基于市场需求，加快农业产业链的建设与完善，加强资源整合开发，明确协同化现代农村建设目标，为土地流转项目的有序、高效推进提供保障。

二、结合实际，建立健全流转管理与服务体系

新时期，土改政策在乡村地区的全面实行，转变了原有土地经营管理模式，为更好地提升流转工作的服务质效，管理部门应按照因地制宜、因时制宜、按需规划的原则，建立健全流转管理与服务体系。具体来讲，首先，土地流转中介机构对法律事务处理不规范，在一定程度上影响了各项土地经营管理与服务的质效。针对该种情况，相关管理与经营单位应在加强沟通协调的基础上，立足地区实际发展状况，逐步健全法律体系与管理机制，进一步优化服务流程，强化管理内容建设，为中介单位的服务工作提供规范依据。其次，完善土地信息管理平台的建设。土地管理相关单位应结合地区土地信息管理开发与管理需求，构建起服务更完善、管理更高效、信息整合更及时的管理平台，对土地相关经营信息、流转情况、价格与成交量等信息进行公布，突破信息壁垒，动态披露信息。最后，注重服务主体的优化建设，组织规划专业能力强、法律认可的服务单位。如土地管理单位可以根据具体的流转经营服务需求，建立专业的服务大厅、窗口等，维护流转市场的秩序，为土地资源的高效利用奠定基础。

三、强化监管，制定覆盖土地经营全过程的规范机制

土地流转范围的不断扩大、速率的快速提升、交易形式的多元化发展，在提高土地资源整合开发效率的同时，也使得流转管理面临的风险更复杂、纠纷数量逐步增加，在一定程度上降低了农民群体参与土地流转项目的积极性。为更好地规范土地流转交易行为，强化管理力度，土地管理相关部门应建立起覆盖土地经营全过程的管理制度，制定标准化的监管机制。在制度实际建设与实行阶段，首先，应明确流转主体，根据土地基本信息与经营要求，制定配套的定价方案，确保合同的有效签订与权威认证，为土地实际经营活动提供可靠的指导；其次，应根据现阶段土地流转主要面临的风险与纠

纷问题，建立对应的处理中心，由专业人员对纠纷进行调节、处理，提升管理质效；最后，应建设起动态的监督管理制度，对于土地开发行为、效率、影响等进行分析与评估，深度挖掘土地资源的开发价值。如对于荒废用地，如果调查结果显示土地两年内没有进行耕种，应将其纳入流转管理单位，自动进行土地流转开发。

　　农业发展形势的复杂化转变，在促进了经济管理改革机制不断深化的同时，也对土地流转相关管理政策、体系提出了创新的要求。土地管理相关单位应在正确认识土地流转对地区农村经济积极作用与风险问题的基础上，通过合理规划土地流转整体管理路线、建立健全流转管理与服务体系、确立覆盖土地经营全过程的监管机制等举措，加强土地产权流转规范性管理，为新时期乡村振兴现代农村建设战略的全面落实奠定基础。

第六章　城镇化背景下农村土地整理分析

　　在城镇化快速发展的社会背景下，农村土地整理的重要性日益凸显。合理规划与整理农村土地，有助于农村土地的高效利用，并帮助广大村民认识到农村土地整理的重要意义。

第一节　农村土地整理及其潜力分析

一、农村土地整理

（一）农村土地整理的内涵

土地整理是协调人地关系和促进土地合理利用的重要手段，是人类利用和改造自然的有效措施，是社会经济发展到一定阶段解决土地利用问题的必然选择。随着自然和社会经济的发展，其内涵也在不断地调整和变化，逐步形成了较为完整的体系。我国土地整理的概念主要有三种不同观点。

（1）土地整理是为了合理利用土地而重新调整土地利用及土地权属关系。

（2）土地整理的主要任务是调整土地关系和组织土地利用。

（3）土地整理就是治理和调整土地利用过程中出现的不合理现象，以促进土地资源的可持续利用。

（二）农村土地整理的目标

针对中国特定的人地矛盾，现阶段中国土地整理总的目标主要体现在以下五个方面。

1.提高土地生产能力

提高土地生产能力主要是提高土地利用率和产出率，调整土地利用结构，优化土地资源配置，提高土地的节约与集约利用水平，通过工程技术措施对整理区域内的中低产田进行改造，提高耕地质量。

2.改善农村的生产、生活条件

通过完善农业生产基础设施（如路、沟、池等建设），改善农村的生产、生活条件，为现代农业发展以及农民增产、增收创造条件。

3.适当集中居民点，合理调整土地权属关系

通过农村土地整理项目，使居民点布局更加合理，减少零散农村，做到居民点相对集中，复垦废弃的宅基地。同时，土地整理要保障土地产权主体的合法效益，明确新增耕地权属，合理调整工程建设占用耕地及其他土地权属，维护整理区域的社会稳定。

4.改善农村生态环境

合理布置农田防护林、水土保持林、生态保护林等，治理水土流失，减轻自然灾害，创建一个优美、健康、安全的农业生态环境，促进土地可持续利用。

5.增加可利用空间

增加农用地特别是耕地面积，通过土地整理，把整理区域的荒地、水毁地、闲置地、工矿废弃地等整理为耕地，降低田坎系数，增加有效耕地面积。

二、农村土地整理潜力分析

农村土地整理潜力是指在一定时期内、一定生产力水平下，针对一定区域范围内某种特定的土地用途，采取行政、经济、法律和技术措施，通过综合整理耕地及其间的道路、沟渠、林网、田坎、坟地、零星建设用地和未利

用地等，所能增加可利用土地面积、提高土地质量、降低土地利用成本、改善生态环境的程度。从农村土地整理潜力的含义可以看出，农村土地整理的对象包括以下三个方面。

（1）质量差、产出率较低的土地，表现为单位面积的产出量低。

（2）利用率较低、有较多闲散地的土地，表现为地块规模小，分布散乱，中间夹杂分布着较多的其他闲散地。

（3）利用率和产出率都较低的土地。

第二节　我国农村土地整理目标完善探索

一、村庄总体布局

对于村庄的总体布局主要就是对于村庄中的多个功能进行组成部分的安排与协调，保证村庄生活和生产目的的实现，对于劳动生活要进行总体规划，其功能包括休息和交通等。

（一）村庄的总体布局

对于村庄而言，其总体布局主要是针对村庄现状的，根据自然技术条件来实现对其的分析和村庄本身发展的生产过程，对于生活和其他活动进行规律上的研究，在进行规划的过程中，对于各个用地的安排和村庄在其建筑艺术上的不同要求，对村庄的用地组织结构上和村庄的用地功能上进行两个部分的区分。

1.村庄用地组织结构

对于村庄规划用地组织结构而言，其主要是对村庄在用地的发展范围和发展方向上进行确定，同时对村庄本身的功能组织和用地时的不同布局进行规定，对于村庄在其发展和建设上的影响是深远的。根据村庄的不同特点，在进行规划组织结构时，对于以下几个方面要进行考虑。

（1）紧凑性：村庄本身的规模是具有局限性的，其用地的范围比较小。根据其步行的限度，在用地面积在$0.2 \sim 1\text{km}^2$内所能容纳的人在几人到几千人之间，其中步行约为1km或是15分钟之内，集中布局对于村庄来说不需要进行公共交通的设置，同时对于公共服务设施的完善提供一定的便利，对于相关的工程造价进行降低。所以，如果地形允许，村庄本身的基础应该是旧村，其发展应该是集中的。

（2）完整性：虽然村庄比较小，但是其用地规划组织结构应该也是相对完整的，对于村庄本身的发展和其布局的合理性是至关重要的，只有将市政设施和公共设施进行完善，才能保证对村庄生活的适应性，同时，好的生活环境和生态环境能使得村庄本身具有更多的吸引力，所以，在进行对村庄的总体规划时，应该考虑得更加完整，从而有利于村庄的合理发展。

（3）弹性：在进行空间布局规划的过程中，要保证村庄本身在其用地组织上的弹性，"弹性"一方面指的是对于其子空间应该具有一定的开放性，对于其布局要进行一定保留；另一方面就是指对于用地面积要进行一定余地的保留。

在对村庄的组织结构进行规划的过程中，需要考虑到其弹性、紧凑性和完整性，它们之间的关系是相互补充的，在它们的相互作用之下，对于空间形成，保证其无论是时间还是空间上都是平衡的，是合适的村庄规划组织结构形式。

2.村庄用地的功能分区

对于村庄用地功能上的分区而言，其是对村庄进行总体布局规划的核心。这一活动分为四个方面，分别是旅游、居住、交通和农业，要想将以上四个方面都实现，就要保证对村庄用地的规划是合理的，并且保证其中的联系，使其有一定依据。所以，对于各种用地在其功能上进行要求，同时对于其中的关系进行一定程度的组织，帮助其成为一个整体性的有机整体。

在村庄规划布局时，遵从村庄用地功能分区的原则如下。

（1）对于生活和生产是有利并且便利的。对于有着相近功能的要进行紧密安排和相间布置，这有助于其进行工作上的搭配与协调，同时对组织的生产提供便利，对能源进行节约，对成本进行降低，将基础设施安排好，其中包括供电、供排水、通信、交通等。对于用地的规划应该是紧凑的、合理的，这样对管线的长度进行控制、对用地进行节约，同时将道路进行缩短，这不仅对交通产生一定的便利性，同时减少资金的利用。很多村庄的居民点还需要进行物流集散地功能的设置，这一种规划方式是保证其物流的交换是通畅的，同时保证其生产的发展是顺利的，对于经济发展而言是至关重要的，所以在进行用地功能组织时，要对其进行考虑。

（2）对于用地的组成部分，各个村庄要对其进行完善，减少穿插的可能性，防止出现将其进行混合的情况，导致干扰产生，在进行布置时，对于相关的地貌地形和道路河流要进行利用，同时要重视河流绿地，对于其中的区域进行合理划分，对于相关的面积进行确定，同时对其功能进行确定。

（二）村庄整治规划

根据村庄的发展类型把整治村庄分为带型村庄、集中型村庄和组团型村庄三种模式，并根据不同的村庄发展模式提出有针对性的整治规划建议。

1.带型村庄与整治规划

（1）布局模式

对于带型村庄而言，其分布的地点为河道、湖岸、干线道路，其特点就是距离水源和产地是更近的，同时对于贸易和交通是更加具有便利性的。对于村庄而言，其布局主要是沿着水路进行运输线的延伸；对于很多水网地区，对村庄的建设一般都是夹河或是在河岸上维修；对于平原地区，其展开一般也是通过主要道路进行展开的；对于丘陵地区，因为其没有相对开阔的场地，这就导致对于自然空间的利用，如山地地形对其进行限制，对于村庄的建设往往是根据山形来进行确定的，其中主要的就是山林，有着较强的围合感，自然就是村庄的边界，其在形式上是相对自由的，因为地形的限制导致村庄的组织模型发展是呈带型的，这就使得对于其公共绿地的规划是根据院落进行向着多个方向展开的，对于多个村庄而言，都是绿地的核心，也是将村庄进行联系的结构，所以，对于村庄的公共设施而言，其主要是将公共空间进行灵活布置。

（2）规划整治

①村庄的空间结构

对于带型村庄而言，其规模是比较小的，同时其布局也是相对比较分散的。对于其空间结构而言，是中心有一个或是多个的结构类型，在进行规划时，要对各个核心所具有的控制作用进行加强，同时要对其进行核心的明确，对于其中的主题核心和次级核心中所具有的联系进行加强，对于带型村庄的有效长度进行合理控制，对于组团而言，要在村庄的边界进行绿地的布置，对于村庄本身的绿化性进行增强。与公共空间进行适当的结合，对于公共服务设施用地进行合理规划，对于地理环境的不同，对其中心或是带状形态在其端点上进行布置。

②村庄的道路系统

在进行道路系统的规划过程中，带型村庄要对现有道路所具有的特点进行挖掘，因为地形对其有一定的影响，这样导致道路的形态是更长的，所以，在进行规划的过程中，不仅要对其本身的交通性进行满足，还要抓住其现状所具有的特征，不强求其是直的，要保证是顺其自然的，保证其具有一定的优势。在进行对道路系统的完善时，要根据居民在住宅方面的不同对其骨架进行分布，同时进行道路的延伸，实现自由式的道路网。

③村庄的建筑形态

对于很多村庄的建设而言，其建筑是根据地形布局的，有着比较古朴的风格。在进行规划时，对于很多有特色的建筑，要将其进行保留，同时在其形式和安全上进行完善和规划。对于组团内的建筑风格，应该是具有一致性的，但是相应的，要在其高度差和地形上保留其本身的特点。对于院落组织模式而言，要对各组团所具有的核心来对村庄进行整体格局上的把控，从而实现村庄整体形态的形成。

2.集中型村庄与整治规划

（1）布局模式

对于集中型村庄而言，多数是在有着相对平坦的平原地区出现，同时，这一布局模式也是很多大型传统村庄常有的。对于村庄而言，其内部的中心有一个或是几个，围绕着其中心，村庄居民展开各种活动，也可以以这种中心作为村民生活的居住中心，对于这种点状中心而言，其多是村庄本身的中心，有一些是在道路的交叉口，有些是在河道的尽头，对于这样的村庄而言，其街道的发展是网络状的，无论是主街还是小巷，其格局都是清晰的，其内聚性也是较强的，在扩大村庄时，可以向着周围进行延伸与拓展。在村庄中，街道所起到的作用就是对村民生活所需要的公共空间进行连接，保证公共空间在交通上的连接性，对于村庄而言，其有着比较丰富的机理性，街道在大小上和空间上有决定作用，同时其领域感、秩序感和归属感是相对较强的，对于村庄的集中布局进行合理的引导，同时对用地进行节约，不会因为居住的分散而导致土地浪费，对于市政设施建设所存在的公共卫生问题和经济问题进行解决。

（2）规划整治

①村庄的空间结构

对于集中型村庄而言，其多数都处在平原地区，其规模是比较大的，在进行规划的过程中，要对其整体的体系结构进行一定程度的规划，对于其中心结构进行相应的加强，同时对其功能本身的控制性进行强化，保证村庄的中心。对于村庄而言是能进行景观空间布置的主体，增强吸引力，同时对公共绿地进行规划，将其作为重要的次级核心来对各个院落进行联系，保证其整体的布局是紧凑的。

②村庄的道路系统

对于集中型布局的村庄而言，其在道路网上有着较大密度，在进行实际规划的过程中，要对村庄的道路进行分级，同时对道路系统进行完善，对道路的围合性进行增加，对村庄所具有的道路现状和其形态上的特色进行结合，保证其道路格局是规整的、网格式的。

③村庄的建筑形态

对集中型村庄中的院落和住所而言，其在布置形式上主要是与网络式的道路相互匹配的，尊重村庄所具有的原本传统结构，同时在其组织上，增加公共场地中的组团节点之间的联系，形成中心结构中的网络式的村庄形态。

3.组团型村庄与整治规划

（1）布局模式

对组团型村庄布局而言，其在更多较大的村庄中是比较常见的，因为其自然地形对其有一定影响，所以其地势变化是比较大的，同时其中有水系的存在，比如河、湖、塘等，进而导致村庄受到一定地形的影响，导致两个相对独立的组团的形成，其连接经常通过道路、水系、植被等实现，对于各个组团而言，不仅是独立的，同时是联系的。对于组团式村庄布局而言，其与自然是顺应的，在丘陵地区中，这种布局模式更加常见，通常有多个山丘进行紧密联系形成分散的组团，从而实现一个村落的构成。

（2）规划整治

①村庄的空间结构

对组团型的村庄布局模式而言，其应该是因地制宜的，对村庄和现状地形应该结合进行，对原本的社会结构进行保持，减少其进行拆迁工作的发生和对村民的影响，同时尽可能减少对自然环境的破坏，但其在土地的利用率上是很低的，对于基础设施和公共设施而言，其在配套的费用上相对来说比较高。这种模式是不方便的，对现有的景观和村庄进行组团式的布局是可以进行依托的，对公共服务中心而言，其设置是分散的，对邻里的交往是有一定增进作用的。

②村庄的道路系统

对组团型村庄布局而言，其道路系统本身是不明确的，相比于其他模式而言层次性不够强。要对其村庄本身的条件和其地形条件进行适当规划，对其组团进行提高，与外界交通上的联系度进行适当提升，对组团中居民之间所存在的联系进行加强。同时，对各个组团中的道路体系进行进一步完善。

③村庄的建筑形态

在对村庄的建筑形态进行整体协调性的保持下，突出自组团中建筑的形态特色，同时对院落的组合要进行一定程度的延续，保证传统建筑所具有的院落在空间上进行围合的手法，保证其布局上的特点是不同的，主要体现在前院、后院、侧院、内院等，同时对空间要分成公共、半公共和私密几种。

二、公共空间布局

（1）公共服务设施布置原则。在对公共服务进行设施上的配置时，应该保证其与村庄本身的产业特点和人口规模相匹配，同时与经济社会本身的发展水平相适合相配套，对公共服务设施要进行节约，同时对村民使用的地方进行集中布置，比如村口或村庄主要道路旁。根据公共设施的不同对其配置规模进行设置，同时其布局分为两种形式，一种就是点状，另一种就是带状。对于点状布局而言，其应该与公共活动场地进行结合，保证其成为村中进行公共活动的重要中心；对于带状布局而言，其要对村庄进行结合，从而实现街市的形成。

（2）公共服务设施配套指标体系。公共服务设施配套指标按$1000 \sim 2000 m^2$/千人建筑面积计算。经营性公共服务设施根据场地需要可单独设置，也可以结合经营者住房合理设置。

三、生产用地规划

（一）布局原则

根据当地产业特点的不同和村民在生产上的不同需求，对其中的产业用地进行相应安排，其中包括村庄规划建设用地范围外的相关生产设施用地。

要集中布置手工业、加工业、畜禽养殖业等产业，这对于生产效率的提高具有重要意义，同时对生产安全有益，对防疫和污染治理提供一定帮助。

（二）种植业布局

对于村域耕地、林地以及设施农业工作开展所需要的用地面积进行明确。保证其使用是方便的，对环保和安全要进行保障。

（三）养殖业布局

要对航运和水系保护进行结合，对养殖进行合理选择，对养殖水面规模进行确定，实现集中饲养，保证做到人畜分离；对饲养场地，在其选址上要满足其防疫和卫生条件，同时对村庄进行布置，保证其风向是下风向，保证通风，对于排水条件较好的村庄，要进行一定距离的保证，对饲养场进行房间的布置，保证其远离住宅区，满足卫生防疫中所提到的要求。

四、绿化景观系统规划

（一）绿化规划原则

（1）多土化原则。要尊重当地文化，结合当地的风俗和民俗，对其文化进行展示，同时对其土地气息进行体现，保证其景观环境是对村庄特色有利的。对景观绿化而言，应该是经济的、自然的，同时应该是多土材料和本地品种。

（2）多样性原则。对于村庄在其风格上应该是协调的，同时在地方特色植物上要进行展示和景观上的营造，根据水体建筑和植被的相互搭配与组合，保证其是自然并且整洁的，四季分明的同时要做到四季有绿，保证其生物景观具有多样性和丰富的层次。

（3）在对绿化发挥作用的同时，根据其地域特点的不同，对本地的一些品种进行选择，比如福建不少村庄种植白桦，江苏泰兴的一些村庄种植银杏等。

（4）对于绿地的防护工作，要和相关的安全与卫生防护功能要求相符，对于水源保护区进行适当规划，同时对工矿企业和绿地进行保护，设置绿带，对养殖业设置卫生保护的隔离带，对于公路和铁路要进行绿带的设置，对于高压电力线路要进行防风林带的设置和适当绿化，对于村庄内部进行适当的绿地规划，保证其与防护林是呼应的，对其进行更加全面的规划。

（5）对于绿地系统而言，其需要结合各个地区和村庄在需求上的不同和特点上的不同，针对不同的经济水平进行相应的制定，我国处在跨亚热带地区，同时包括温带和亚寒带，各个地区的自然地形是大不相同的，同时地质条件也是不同的，气象也是不同的，这就导致其经济在发展水平上不同，人口在其稠密度上也不同，甚至有着较大的差距。所以，在进行绿化用地时，无论是对于树种的选择还是对于绿地系统的配置，都要根据其本身特点进行，在一些地广人稀的城镇中，花草树木是比较宝贵的，所以要尽可能地建设更多的绿地，对指标限制可以不用进行关注；对于一些旅游疗养村镇而言，村庄的重要部分就是绿地。对于绿化，要进行下限指标的确定，保证其建筑的密度，对绿化率和空地率进行提升，对于其上限是不需要进行限制的。

（6）在进行对旧村庄的改造工作时，对于各地的具体情况要进行了解，对于绿地进行合适指标的制定，对于村庄中的绿地进行均衡布置，对于旧村庄而言，其绿地较少，这在我国来说是普遍存在的，在进行村庄改造时，要对绿地水平进行提高，这样就能实现降低建筑密度，对道路系统的布置是更加合理的，同时将管线进行处理，留出用于绿地的面积。

（二）村庄绿化规划程序

（1）基础资料调查：村庄自然气候调查、村庄地形地貌调查、村庄范围内原有绿化及分布情况调查、村庄建设用地总体规划及各分规划、村庄范围内植被类型及景观调查、村庄范围内植物动物生长情况调查、村镇用边植被类型及景观调查。

（2）确定绿化规划原则、标准，根据村庄实际情况、原有绿化、经济水平、规划总体目标、村庄的自然气候条件、地形地貌及植被情况等，制定绿化规划的原则和标准。

（3）绿化规划初步方案设计。

（4）初步方案的优化、协调、调整，形成最终村庄绿化规划。

（三）村庄绿化规划

1.绿化规划的重点

对于村庄现有的好的自然环境要进行利用和保护，对于村庄外的河道以及山坡植被等要进行利用，这可以提高村庄的生态环境质量；对于村庄中的小溪和小河等要进行水面的监控，防止出现洪水，及时排涝。对于生态景观而言，其功能作用是多种多样的。

对于村庄绿化而言，其主要就是乔木，其中也有一定的灌木，对于植物进行品种的选择时，应该是多样的，主要选择一些具有抗病害、易生长特点的植物，同时要保证其品种有着较好的生态效应，提倡自由式布置。

2.绿化规划的主要内容

对于村庄绿地而言，其分为多种，比如街头绿地、防护绿地、附属绿地、其他绿地，绿地种类不同，进行规划时所需要遵循的使用功能也不同，根据场所的不同要进行相应的规划。

（1）街头绿地规划

对于街头绿地而言，其主要是对人们的活动和娱乐方面的要求进行满足，所以要求较高，在进行村庄的街头绿地的规划时，其主要是本地植物群落，相应的可以对植物进行欣赏，对植物的种类进行丰富，对于景观本身的绿地水平进行提升，在其内部进行多种原理的运用。比如，形式美原理、平面构成原理、空间构成原理、色彩构成原理、生态原理、功能原理、人文原理等，同时进行动态规划和静态规划，保证营造的环境是优美的。

如果村庄具有一定条件，可以在公共中心对村庄中心地带进行绿化广场的设置，同时作为全村范围的商业与娱乐的中心，所谓绿化设计，即一年四季的广场都应该是绿色的，这样在进行植物的选择时可以首先选择一些长时间保持绿色的植物，与此同时，再进行一些比较有季节性特色的植物的选择，保证根据季节的不同，广场所呈现的景色不同，对于一些喷泉和小品也要进行相应的搭配，保证其在四季各有各的特点，保证其成为全村可以共同活动的重要中心。

（2）防护绿地规划

对绿地进行防护时，要对其隔离、卫生和安全等方面提出一定的要求，对工矿企业在绿带的规划和布置上给予重视，同时还要进行养殖业在卫生隔离带上的设置、公路和铁路在防护绿带上的设置、水源保护进行防护绿带的设置、防风林带的设置。

①卫生防护林其设置对于生活区远离有害气体的侵扰具有重要意义，同时对煤烟和灰尘等污染进行隔离，其主要是在两区中间进行布置，或者是不知道一些对卫生建筑产生阻碍的地段中间。对于林带而言，在有着较大噪声的那一边应该设置一个半透风式林带，对有害物质具有一定的阻滞作用，阻挡其向外扩散，同时对饲养区所产生的臭气进行隔离，在其周围进行绿化隔离带的设置，主要是针对主风向上，要进行不透风的隔离林带的设置，在进行树种的选择时，常绿树占比超过60%，同时对一些香花树种进行搭配，在进行种植的选择时不能选择有刺植物和有毒植物，防止出现意外。

②对于防护林而言，其主要的作用就是防风，其林带与主峰应该是垂直的，其偏角可以有30°，而其宽度应该超过10m。

（3）附属绿地规划

附属绿地为附属于建设项目中的绿地，建设项目的性质千变万化，绿化的场所不同，绿化的要求也各不相同，所以附属绿地规划应根据具体项目要求进行规划，常见的附属绿地有街道绿化、居住区绿化、公共建筑绿化等。

①街道绿化

对于街景而言，街道绿化是其重要部分，其与街道建筑和周边环境应该是协调的，对于不同的地段其所搭配的街道绿化是不同的，对于街道绿化而言，其让村庄整体上更加美观，起到了一定的净化空气的作用，同时实现降噪、降温、改善小气候、防风、防火、组织交通、保护路面等作用，对于村中的各个区域进行连接，保证村庄绿化骨架的形成。

因为行道树往往在路边进行栽种和生长，其根部在一定程度上被路和建筑物所限制，其上部又有一定的有害气体的威胁，所以，进行行道树的选择时主要选择那些有着较快生长速度、较长寿命的，并且有着挺拔树干的树种；对于一些相对狭窄的街道而言，冠小的树则更加适合；在高压电线下，应该使用树枝开展的、干矮的树种；对于南方，在进行树种选择时，可以选择四季常青的或是花果美观的树种。为了环境更好，最好不选择会产生飞毛或是有果实掉落的树种，可以选择华山松、油松、银杏、悬铃木、樟树、槐树、柳树等常用的树种。行道树的栽植方式应根据街道的不同来定宽度、方向、性质，可采取单乔木或两行乔木等种植方法。

②居住区绿化

居住区绿化植物配置时，要注意考虑通风、采光、防尘、阴影、遮阳等因素。一般要求朝南房间离落叶乔木有5m间距，房屋朝北部分选择抗风适阴的树种，如女贞、夹竹桃、桧柏等，距离外墙至少3m；住宅东、朝西部分可考虑行植或散植乔本，也可以种植攀缘植物，如爬山虎等，以减轻日晒。

对植物进行搭配时，要做到春色早到，同时，在夏天可以纳凉，秋天能挡风，同时冬天也不显得萧条，所以，对于乔木和灌木其比例应该保持在2：1，而常绿和落叶的比例应该为3：7。

③公共建筑绿化

公共建筑绿化专用就是公共建筑绿化，其中包括多个地点，比如，村委会、商店、文体场所和学校等，对于建筑，无论是在功能上还是在艺术上都有着较高的要求，同时在进行布置时对于平面进行规划和考虑，了解其中的功能和条件所采用的方式是分布的或是集中的，从而进行不同植物的选择。

如医院绿化可配植四季花木和发芽早、落叶迟的乔木，也可种植中草药和具有杀菌作用的植物，村委会、文体活动场所、学校应以生长壮、虫害少的乡土树种为主，并结合生产教学选择管理粗放、能收实效的树种，适当地搭配点缀性的庭前树、回景树和花灌木等。

（四）村庄景观规划

1.村口景观

对于村口而言，其风貌应该是宜人、自然和亲切的，同时要具有一定的标志性，对于植物和小品进行配置，保证对建筑空间和相关活动场地进行营造，突出景观效果。

2.水体景观

对于现有的河道水系，要尽可能保留，同时对其进行疏通和整治，实现对水环境的改善。对于河道而言其彼岸在走向上应该是自然的，应该利用好自然斜坡，将其与建筑和绿化进行结合，保证河岸景观是丰富的。

对于润水绿化景观而言，其主要是亲水型植物，在进行布置时主要采用的是自然的生态方式，对于滨水植物景观进行营造。对于水驳岸而言，其主要应该是生态岸的形式，所以，根据功能上的需求，其岸边应该使用硬质岸，对于硬质岸而言，不应该太长，如果其是断面的，要减少其直立式岸，利用更多的台阶式岸，同时对于绿化进行一定程度的加强，对其生态效果进行增加。

3.道路景观

对于道路两侧而言，其种植主要是乔木，对于其种植要防止出现绿化种植模式和模纹色块形式。

4.其他重点空间景观

对于村庄而言，其重点空间包括活动空间和宅旁空间，对于夏季树荫的提供有利，同时在冬天有一定阳光。

宅旁应该进行绿化景观的种植，要对尺寸和品种进行筛选，对于空闲地段进行利用，同时对不适合的地段避免种植，保证村庄在活动空间上的主要功能是公共服务，与农村居民在生产上进行结合，适应民俗乡情和生活，适当布置健身和文化设施，并保证其是简洁自然的。

第七章　城镇化背景下农村土地资源保护与利用的法律视角分析

　　土地资源是人类赖以生存的物质条件之一，而农村土地资源是土地资源的一项重要内容，因此对农村土地资源进行保护有着重要的战略意义。随着人类活动不断增加，土地作为根本的资源成了被重视的对象，但是随着科技不断进步，人口不断增加，人类对土地的需求也越来越大，导致人们对这一可循环利用的资源进行无节制、不合理的运用，加上环境污染严重，导致土地资源出现了很多的问题。现如今，对农村土地资源加以保护，完善农村土地资源保护与利用的法律制度显得极其必要，这与我国当前的国情实际相符合。本章就对城镇化背景下农村土地资源保护与利用的法律问题展开分析。

第一节　产权经济理论与土地产权关系

一、产权经济理论

产权经济理论是以研究产权的界定和交易为中心的基本经济理论，与传统的以研究人与物的关系为中心的传统经济理论（微观经济学或价格理论）相比，产权经济理论更多地注重研究人与人的关系，即人们之间的利益关系。

（一）交易费用理论

交易费用与商品交换、产权交易有着紧密的联系。在传统的经济学家设想的社会中，无论是何种交易，往往都是在无阻碍的情况下展开的，这样就形成了经济学体系，如同某一物体在无摩擦的世界里运行一般，其与现实生活存在明显的差距。事实上，为了实现交易，当事人需要花费一定的精力，支持相关费用，如信息费用以及一切与交易相关的费用，因此进行交易的时候，必然需要付出代价。

1937年，现代产权经济学创始人科斯发表了《企业的性质》，在这篇文章中，科斯将交易费用这一概念提出来。在科斯看来，交易费用就是通过调整价格机制的费用，其包括两点。[①]

---

① 朱道林.土地资源利用与政府调控[M].北京：中国农业大学出版社，2010：101-102.

一是获得准确的市场信息所需要付出的费用。

二是谈判签订合同的费用。

之后，一些经济学家基于他们的研究，又进行了深入的探讨。

威廉姆森（Oliver E. Williamson，1975）将交易费用划分为如下两类。

第一类是事前教育费用，其涉及订立契约、对交易双方权责进行规定的费用。

第二类是事后教育费用，即为了对契约本身的问题进行解决，从对条款进行改变到对契约进行退出的费用。

之后，这一概念扩大了范畴，从原来的市场价格机制、市场经济组织扩大到整个人类制度范畴，被认为是经济制度的运行费用，涉及所有不直接发生在物质生产过程中的成本。交易费用概念已经成为产权理论的核心概念，成为整个产权理论的支柱。它的提出和一般化，使传统的新古典经济学受到了巨大的冲击，同时也使经济学的视野和应用领域得到极大的扩展，获得了对现实问题的新的解释力。

（二）科斯定理

"科斯定理"最早是由1982年的诺贝尔经济学奖得主斯蒂格勒（G. Stigler）在1966年命名的。它实际上指的是科斯在1960年发表的论文《社会成本问题》中提出的核心论点，可以表述为：假如产权被清楚地界定以及交易费用为零的话，那么不管谁拥有资源，资源的利用方式都是不变的。科斯定理的提出是从外部性问题着手的。外部性问题指的是强加给他人的成本或收益，在工厂排放污水污染水源，影响下游居民饮水这个典型的外部性问题中，传统的福利经济学家采用的是单向征税的解决方法，即通过法律向化工厂征税，使工厂承担的私人成本等于它实际造成的社会成本，原则上，这一社会成本应等于居民所受的损失。但在科斯看来，这种征税的方法不能真正解决问题。他指出，"如果用单向征税来限制工厂排污，肯定会损害工厂的利益。"上述排污问题在本质上应看作工厂和居民相互作用的结果。因此，真正需要解决的问题，是让工厂排污损害居民获得利益呢？还是选择限制工厂排污来损害工厂的利益？如果采用简单的单向征税方法限制工厂排污后，对工厂造成的损失大于居民得到的收益，那么，社会的总损失反而大了，征税就是无效率的。真正的解决办法是把排污权在工厂和居民间明确地界定下来，这时，不论将其界定给哪一方，只要交易成本为零，结果都是一样。科斯定理的作用在于其将产权与资源配置有效性地结合起来，明确规定产权、产权自由转让的意义。倘若存在交易费用，那么通过对产权加以界定，就能够将交易费用降低，从而实现产权的资源交易，从而保证资源的有效配置。反之，如果产权不清晰，交易费用必然会较高，甚至造成一些稀缺资源的竞争冲突和市场混乱。

二、产权经济理论与我国土地经济问题

（一）交易费用与土地资源配置效率

人与人之间交往关系的活动构成了广义层面的生产活动，总的来说，这两项活动可以被称为"交易活动"。在交易展开的过程中，人们需要将一定的人力、物力、时间等投入进去，资源在交易活动中体现投入量的多少即为"交易成本"，这也正是资源配置的成本。资源配置成本越低，资源配置效率就越高。

一般情况下，土地资源往往向土地资源配置成本较低的方向流转或者向针对经济主体来说能够实现利益最大化的方向流转。

例如，如果一个农户从集体那里承包了一块土地，但是他出去打工的收益明显高于他在家种地的收益，那么他会果断外出打工，放弃现在的土地。这时候土地就会出现闲置的情况，或者将土地通过某种方式流转出去，继续用于耕地。但是，农户将土地流转所需要支付的费用要明显高于闲置的费用，出现这一现象的原因在于不完善的流转机制，或者对闲置土地的管理限度还存在欠缺。

（二）价格机制与土地资源配置

资源配置有两种不同方式：一种是市场，一种是计划。市场机制的核心在于价格，其作用是围绕价格上下波动，对商品生产与交换进行调节，进而调节供求情况，将价值规律、竞争规律等发挥出来。

这一现象也同样体现在土地资源配置中，将市场机制、价格机制等充分地注入进去，从而用市场供求等对土地利用方向加以指导，以价格机制来调节土地资源的配置情况，保证土地的有效利用。

在传统的计划经济体制下，土地资源的配置并未考虑价值规律，也未考虑级差地租规律，导致土地很难有效利用，也出现了土地利用的浪费情况。

从价值规律、供求关系等方面考虑，按照用地者的生产、经营、消费活动所承受的实际能力和用地成本，与土地所有者或土地使用权的支配者所预期的土地级差收益之间进行较量与均衡。

第二节　制度变迁理论与土地产权制度

一、制度变迁理论

（一）制度

人们在特定条件下选择制度，其与人类行为有着紧密的联系，并对人们相互关系的规则产生影响，当然这种规则有正式规则，也有非正式规则。

第一种是正式规则，即法则、政策等。

第二种是非正式规则，即伦理规范、价值观念、风俗习惯等。

制度要想实现，就需要一定的组织。如果离开了组织，制度也就失去了存在的意义；当然，如果没有制度，那么组织也会出现无序的状态。

制度代表的是已经建构的秩序以及已经形成的行为方式和手段，是社会的一种行为规范与准则。从多个层面来说，教育、经济、法律等会提出一个控制系统，指出什么样的行为是个体、群体可以接受的行为，什么样的行为是国家、社会不允许的行为。各个控制系统不是统一的系统，也不是相互排斥的系统。相反，这些系统之间相互依赖，甚至一系列的行为方式、制度秩序等都会在这些系统中存在，从而建立对系统加以控制的模式，这就是整个社会的制度框架。

与上述社会制度相比，国家制度属于政治层面的概念。在有的国家，国家制度被称作"政治制度"，指的是一个国家的统治阶级为了对阶级政权进行巩固而采取的一些方法，涉及如下几个层面。

第一，国家政权的阶级实质，即所谓的国体，指的是社会各个阶级在国家中占据的地位。

第二，组织形式，即所谓的政体，即统治阶级采用何种手段对自己的政权机关进行组织。

第三，结构形式，即采用单一制还是复合制。

第四，为保证国家机器运行的一系列基本的具体制度。

国家制度是社会制度的有机组成部分，土地管理所依据的土地制度是国家制度的重要组成部分。

（二）制度变迁理论

所谓制度变迁理论，其本身属于制度经济学的范畴。著名经济学家道格拉斯·诺思经过研究，构建了一套新制度经济学理论，涉及产权理论、国家理论、意识形态理论等。制度变迁是制度的替代、转换与交易的过程。

二、土地产权制度变迁

土地制度是人们基于一定的社会制度，以土地作为中心，形成的经济关系之和。在生产力发展的不同阶段，为了与农村经济发展水平相适应，就需要产生不同的土地制度。如果从产权视角出发，对土地制度进行分析，可将其区分为两种：一种是土地经济制度，一种是土地法权制度。

第一，土地经济制度，体现在对土地所有权、土地使用权、土地处置权的安排上。

第二，土地法权制度，体现在基于上述三种权利的其他一切权利。

土地经济制度对土地法权制度起着决定性的作用，反过来，土地法权制度对土地经济制度起着规范与保护的作用。

具体而言，土地制度涉及如下内容。

第一，土地所有制与土地的所有制。

第二，土地使用权及其流转制度。

第三，土地经营制度。

第四，土地征用制度。

第五，土地用养制度。

第三节 农村土地制度及其改革

一、农村土地产权改革的相关问题

（一）集体土地产权权能的残缺

（1）由于农业用地在国民经济中的特殊地位，以及农用土地资源的有限性，使得集体不能擅自转变农用地用途，特别是农用地转为非农用地更是要经过国家的严格审批。

（2）集体土地不具有转让的自由性，主要表现在集体土地流转的限制性，法律规定不明确，收益分配不均衡等方面。土地在集体与国家两个所有权主体之间的流转方式只有征收方式。而且，在征地过程中集体所获并非土地价格，而是远低于土地价格的征地补偿费用。土地交易的收益在交易双方之间的分配是不平衡的；另外，集体与集体的土地所有权流转也并非得到承认，法律并没有明确的规定，国家对此态度也含糊不清。

（二）集体土地承包经营权的产权性质问题

当前，我国大部分的土地都是由集体承包的，也存在一些土地是由集体之外的个人承包的。其中前一种是当前主要的产权形式，后面一种权利的获得与"四荒地"的承包经营权类似。

1."四荒地"的土地使用权和非集体成员的承包经营权

所谓"四荒",指"荒山、荒坡、荒沟、荒滩",基于当前的自然条件、经济条件、技术条件等,这些地方是可以开发但是仍旧未开发的资源。而"四荒地"土地使用权即通过竞标、竞买等,获得对"四荒地"进行开发的权利,是一种新的土地利用尝试,也是对生态环境进行治理、对流域进行治理的重要举措。

"四荒地"土地使用权本身是有偿取得使用权的形式,除了其权源不同,在内容上理应等同于土地使用权,即应具有对土地进行占用、使用、处分等的权利。

2.集体内部成员的土地承包经营权

土地承包经营权与"四荒地"土地承包经营权显然是存在明显区别的,其中最为主要的区别在于承包经营权人所享有的权利与集体组织成员所享有的成员权利密切相关,但是"四荒地"土地使用权并非如此。

二、我国农村土地制度的改革展望

(一)建立稳定的农村集体所有权制度

"土地是财富之母",土地制度往往是一个社会财产制度的前提和条件。正因为如此,保证稳定的土地所有权,有助于整个社会秩序的稳定。如果将土地的所有制关系进行轻易改变,往往会导致经济生活中的连锁反应,会导致人心的巨大震荡。因此,不是到万不得已的时候,一些政治家一般不会对土地的所有权进行变更。实际上,通过变更土地制度中的其他环节,也可以对土地所有制的缺陷加以弥补。因此,我国农村土地的集体公有的所有权制度,应该保持一定的稳定性,并在一定程度上不断完善。

1.地租进入农民收入

从经济层面来说，土地私有制可能对农民会产生激励的地方，就是能够保证农民能够获得自己土地的地租，因为地租是地权的实质，如果农民获得不到地租，地权就会变得毫无意义。但是地租转变成农民收入，实际上就是对农业生产成本进行提高。

2.小块土地的私有制，在运行过程中将无法避免农户的分化和部分农户的破产

我们主张对农村土地集体所有制进行进一步的稳定和完善。有些同志指出，实行家庭联产承包经营责任制后，集体的土地所有权变得较为模糊。实际上，这种看法与实际并不相符，因为集体土地所有权出现闲置的情况并不是因为家庭联产承包经营责任制的结果，而是受农产品统购制度的影响。

（二）建立有效的农村土地经营制度

从综合生产率的高低，我们可以看出农村土地的经营方式是否有效。在经营组织内部，需要考虑如下三点。

第一，需要对生产的管理和对劳动的监督成本进行尽可能降低。

第二，需要对农业劳动者进行直接的鼓励。

第三，必须考虑一些实际的问题，如我国农村劳动力数量过多、农业生产时间与劳动时间存在明显的不一致、农村就业缺乏实际，只有这样才能保证农民能够基于土地充分解决剩余劳动力问题。

一些人认为家庭经营与规模经营二者是矛盾的关系，也就是说，如果实行了家庭经营，必然会导致规模效益的损失。实际上，这种说法是错误的，是强制将两个概念合并起来进行比较。

所谓家庭经营，即家庭经营的土地规模完全是受到客观条件制约的，并不是家庭的主观愿望。

在我国农业中，存在明显的劳动力过多的情况，这是一个众所周知的事情。因此，要想扩大经营的土地规模，就需要转移农村劳动力，或者降低农

户数量，如果做不到这一点，那么扩大经营的土地规模就是一句空谈。事实上，这样也不可能提高要素的综合生产率。我国农民对经营规模的理想，是"30亩地一头牛"，而现实的平均耕地经营规模，每户只及上述水平的1/4左右。

因此，我们可以看到，并不是农户不愿意将耕地规模扩大，而是不具备条件进行扩大。当前，农户的耕地经营规模确实较小，因此很难将其他生产要素的生产率发挥出来。我们的目标也确实是将农村土地的经营规模过大，但这是一件功夫在外的事情，即要为农业劳动力转移与农户数量减少创造条件，然后促进耕地经营使用权的集中和流动，从而扩大经营单位的耕地规模。

不得不说，即便扩大了经营规模，与家庭经营也并不是矛盾的，这一点已经得到了证明。但是基于我国目前的条件，通过将农村人口进行转移来扩大经营规模，显然并不现实。因此，需要指明的是，可以通过为农户提供公共服务来提升农户经营的外部规模。例如，可以为农户提供排灌服务、机耕服务等，从而让这些机械解决农户的种植、浇灌等问题，并且农户通过运用这些先进的技术设备，有助于提升经济效益。

但是，要想为农户提供各种技术服务，需要具备明确的目标，即之所以这样做，是为了让家庭经营提升效率，而不是为了对家庭经营进行取代。否则，农业的经营制度就会出现较大的波折，导致农民出现心理问题。

（三）建立有秩序的土地经营使用权的流转制度

1.保证农村土地的有效使用

有些农户具有其他的收入来源，因此经营农业的利益就逐渐降低了，一些农户甚至采用粗放经营或者直接闲置的做法，这对于我国当前耕地不足的现状来说，是一种极度浪费耕地的情况。因此，土地经营使用权流转制度有助于对这一现象进行抵制。在这里，实施一定的行政措施是必要的，如规定土地闲置多久、肥力下降到多少时，集体可以将这些土地收回，进行重新安置。

2.土地经营使用权流动时对转出户的经济补偿问题

土地经营使用权流传需要给予一定的经济补偿，这主要有两点原因。

第一，原有承包者在承包的时候，对土地付出了劳动，这部分劳动必然体现在劳动之中，并转化成了收益。

第二，原有承包者在转让的时候，等于将一种就业机会、社会保障也转出了，并且原有承包者也需要承担一定的风险，因此需要给予补偿。

如果在土地经营权流转的时候，采用无偿的手段，那么对于原有的承包者来讲，并没有任何转让的好处，他们也不会选择转让，这样就会明显导致土地使用权的流转率下降。

3.土地使用权转出之后的社会保障问题

家庭承包集体的耕地，除了获得一份农业生产资料，还会获得相应的社会保障。但是，如果将土地使用权流转，意味着也会将这份保障流转出去。因此，必须通过促进经济的发展，让农民获得能够替代土地的收益，解决社会保障问题，这样才能降低土地使用权流转的风险。

一般来说，可以从如下几点着眼。

第一，对耕地以外的其他产业进行发展，为农民提供更为广阔的收入来源，如发展乡镇企业、允许农民进入乡镇经商等。

第二，从经济发展的水平出发，考虑农民的资源，对农村的保险事业进行发展，鼓励农民构建社会保险机制。

第三，对土地经营权流转的契约关系进行规范，保证彼此之间能够顺利协商并进行流转。

4.创造土地经营使用权流转的前提条件

由于人多地少，人口不断增加，靠行政性地调整户际的承包地会导致如下结果。

第一，让农民缺乏稳定感。

第二，等于将现有的耕地经营规模进行分割。

第三，实际上在一定程度上鼓励了人口增长，但是并未承包下来土地。

因此，为了保证承包土地的公平，在承包初期，需要将这些问题一次性解决，而不是作为一个标准出现在人口变动的全过程中。否则，土地只能不断被分割，而不是出现流动、集中的趋势。

（四）建立规范的地租地税制度

地租地税的制度建设，必须有针对性地解决目前存在的租税混乱的问题。

1.公平农村土地税收

随着农产品价格越来越开放，也放开了自由经营。当前必须尽快改变将农业税压在粮食上。所谓税收，本来是政府用来对资源配置进行调控的手段，但是现在的农业税收制度明显对于粮食生产不利，甚至导致我国当前的土地资源更多地流向养殖业、林果业上。因此，要对当前的农业税收制度进行改变，使其转化成农业土地税，只要是经营的农业土地，都应该根据收益级差来缴纳税收，从而保证公平。

2.明确"提留"性质、规范"提留"内容

应当明确，村组织对农户收取的"提留"属"租"的性质，即使用集体的耕地和其他固定生产资料的租金，这样有如下两点效果。

第一，明确了只要承包耕地，就应该按照质量、数量等缴纳租金，这些耕地包括山林、水面等。

第二，明确了未使用集体资源、集体要素的其他活动，除了要缴纳公益事业、社区管理费用外，不需要缴纳租金。

第八章 城镇化背景下农村土地资源合理利用分析

　　土地资源的质量、数量与社会经济的可持续发展有着密切的关系。当前，我们必须加强土地资源规划、管理、保护与合理利用，只有这样才能保证国民经济快速、健康发展。本章就来具体分析城镇化背景下农村土地资源合理利用情况。

第一节　农村耕地保护

一、耕地保护存在的主要问题

（一）生态退耕和农业结构调整占用大量耕地

中国是生态系统脆弱的国家，特别是进入20世纪末期，生态系统呈现急剧恶化的趋势，在这种生态压力下，国家出于可持续发展的考虑，决定实行生态退耕的重大战略。数据显示：2005年生态退耕39.04万km²（585.5万亩）；就近期而言，生态退耕无疑使大量的耕地退出了粮食生产的舞台，对我国的耕地保护战略提出了严峻的考验。

（二）耕地退化

我国土地荒漠化、水土流失、耕地沙化、盐碱化、土地污染等现象广泛存在，使我国耕地退化，品质下降、数量减少。据统计，受荒漠化影响，我国干旱、半干旱地区的耕地中有40%不同程度的退化，有30%左右的耕地遭受到不同程度的水土流失危害。

二、耕地保护的内容

总结起来，《土地管理法》中对于耕地保护的措施主要包括：（1）建立严格的土地用途转用审批机制；（2）建立基本农田保护区，对耕地实行重点保护；（3）建立耕地占补平衡制度，鼓励土地整理。对耕地保护包括数量和质量两个方面。

（一）耕地数量的保护

耕地数量保护的核心是保证耕地总量动态平衡，而不是绝对不变，主要包括以下几个方面。

1.耕地总量只能增加，不能减少

各省、自治区、直辖市需要从耕地总量动态平衡的要求出发，采用一些恰当的措施，避免本区域内耕地数量不能减少，保证耕地数量不断增加。

2.严格控制建设用地占用耕地

为了对耕地进行保护，要对一些非农业建设占地进行严格的控制，如果有些建设需要占用耕地，必须与土地利用总体规划相符合，即需要办理相应的手续才可以进行建设。

3.建立基本农田保护制度

对于一些基本农田保护区，不能占用，确保这样的保护区不能减少，这样才是真正的保护。

（二）耕地质量的保护

1.建立基本农田保护制度

基本农田是耕地中的精华部分，建立基本农田保护区制度就保护了耕地中质量最好的部分。

2.新增耕地质量不低于原占用耕地质量

对耕地减少的行政区，或为实现"占补平衡"目的，通过开发新增加的耕地，其质量不应低于减少耕地或占用耕地质量。

3.土地退化防治

各级人民政府应当采取措施，防治土地荒漠化、盐渍化、水土流失和污染耕地。

三、我国耕地保护体系

丁洪建、吴次芳等（2002）将我国的耕地保护制度体系分为三个层次，即由人地关系思想、可持续发展思想等构成的宏观层次，由耕地保护理念构成的中观层次和由具体政策法规构成的微观层次（如图8-1所示）。

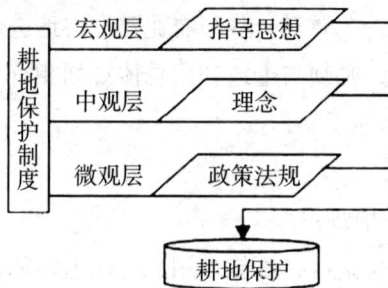

图8-1　耕地保护制度的结构

我国现行耕地保护政策体系包括政策、法律和法规以及具体制度两个部分。在政策、法律、法规方面，具体包括国家、地方和部门三个层次；在具体制度方面，具体包括耕地产权制度、土地利用规划制度、耕地总量动态平衡制度和监督检查法律责任四个方面（如图8-2所示）。

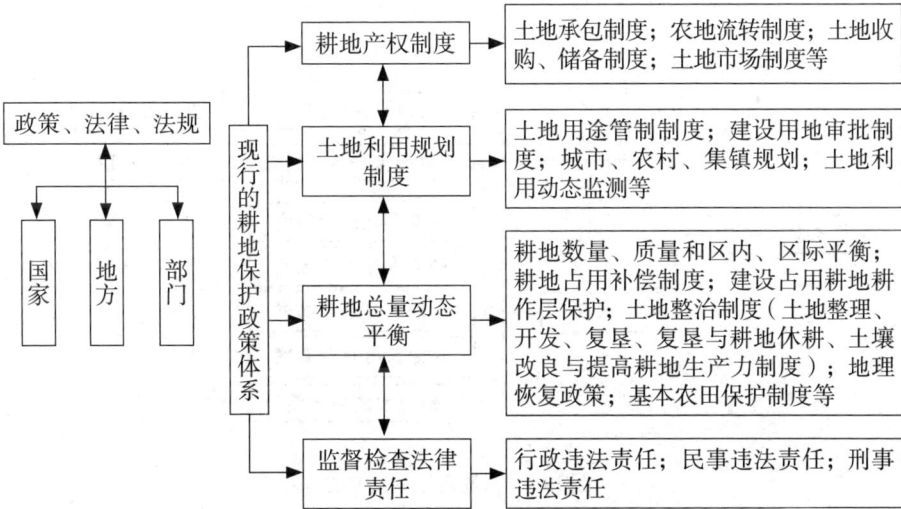

图8-2　我国现行耕地保护政策体系

张效军和欧名豪等（2008）认为，我国现行耕地保护制度体系包括四个层次（如图8-3所示）。

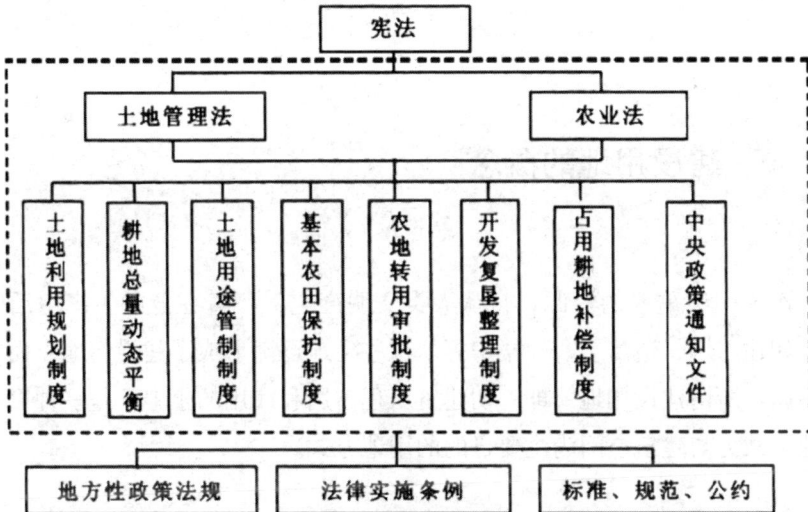

图8-3　我国耕地制度保护体系

张宇和刘涛（2010）认为，我国现行耕地保护制度体系包含广义和狭义两个层次（如图8-4所示）。

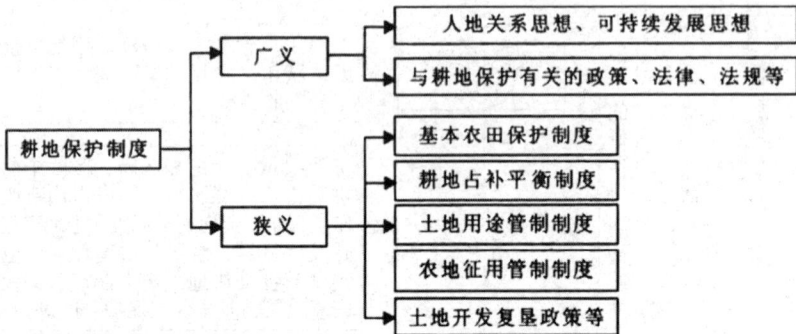

图8-4　耕地制度保护体系

第二节　农村集体建设用地管理

一、建设用地的概念

作为一项重要的资源，自从人类文明产生，一直在各种生产生活中运用，如建工厂、造房子、建楼房等。这些土地逐渐形成了建设用地，而非农业用途。所谓建设用地，即一切建筑工程占用和使用的土地，是一种以利用土地承载力与建筑空间为主要目的的用地方式。

二、农村集体建设用地的开发

集体土地按照我国宪法中的定义，是指和国家所有土地相区别，一般由农村和城市郊区所有的土地。农村集体建设用地在我国的土地建设中占有重要的地位，其面积约占全国总面积的67%，集体建设用地开发的好坏将直接影响到全国建设用地的利用情况。随着我国城镇化进程的推进，尤其是一些人才大量流入的城市，土地越发紧张，如果能开发集体建设用地，将会极大地缓解这一供需矛盾，为城市发展提供空间。以广东省为例，广东省在城市存量用地开发方面一直都处于全国前列，多年来一直致力于通过土地产权制度改革，推动集体建设用地增效。虽然有所成效，但是集体建设用地的开发之路依然步履艰难，集体建设用地开发问题亟须解决。

2019年8月26日，新土地法修改通过后，简单来说就是农村集体土地被重新定义为"集体经营性建设用地"，从不允许买卖变成可以买卖的商品。这是一个具有历史意义的事件，将给农民群体带来直接的收益，同时也给从事房地产业与建筑业的人一种新型的可以交易的土地商品，从而创造出新的财富增长机会。乡村振兴战略作为我国一项重要发展战略，越来越受到党中央的高度重视。国家成立乡村振兴局，标志着自我国脱贫攻坚取得阶段性胜利后，乡村振兴工作进入常态化发展阶段。作为提高农民收入的又一重要方式，集体建设用地的开发利用不仅能解决好"三农"问题，巩固脱贫攻坚战的成果，对支持乡村振兴战略发展具有重要意义，而且也有利于提高农村集体土地的利用效率，最大化地满足农村百姓靠种地谋生的美好愿景。

三、建设占用耕地与经济发展关系及其影响因素研究——以江苏省盐城市为例

土地是人类得以生活生产的衣食之源，土地也是农业发展的基础，同时农业在国民经济发展中占有基础产业的地位。一旦失去土地，全球所面临的

后果将不堪设想。在农业时期，土地绝大部分的功能是用于农业生产，产出农产品解决自身的饥饿问题，而现在土地的利用出现了多元化，它不仅用于从事农业生产，还用于从事商业活动。随着工业化和城市化进程的加快，无论是中国还是世界各国的农业土地资源都变得越来越少，第二产业和第三产业的迅速发展对原本就少的耕地国家的土地需求越来越大，经济增长对建设用地的需求也将逐渐变大，耕地流失也会越来越严峻。温家宝总理曾经说过，保住18亿亩耕地红线，中国13亿人口才能被养活得起。许多城市或多或少地利用占用耕地来扩大城市发展以及GDP的增加，提高人们的生活水平，以至于耕地源源不断地流失，数量逐年增加。

农业土地资源的流失直接威胁和严重影响地球生命的支持系统，从这个方面讲，李秀彬在研究中提出耕地资源的变化是中国可持续发展的核心问题。灾害毁害耕地、生态用地的占用、建设用地的占用以及调整农业结构是我国耕地减少的主要原因。但由于生态用地占用耕地的总体规模是十分有限的，并且调整农业结构的工作力度近几年已趋于平稳，那么耕地数量下降的最主要途径就是建设占用耕地了，即耕地流失中起主要作用的也就是经济增长导致的耕地占用。

国家统计局发布《2008年全国国民经济和社会发展统计公报》，根据公报数据表明，全年有19.16万hm^2的耕地被建设占用，有2.48万hm^2的耕地被灾害损坏，有0.76万hm^2的耕地源于生态用地，有2.49万hm^2的耕地由于农业结构调整而减少，有22.96万hm^2的耕地由于土地整理复垦开发而得到补充，当年有1.93万hm^2的耕地被占用。可想而知，耕地资源的流失极其严重。

毛振强、左玉强根据全国层面的数据分析，研究显示有显著的相关性存在于建设用地与非农产业两者之间。曲福田、吴丽梅对农业土地面积变化与GDP增长之间的关系研究，表明两者存在类似库兹涅茨曲线型的倒U型关系。这些研究对于探讨过去某一时期耕地占用与经济增长的关系时多运用统计分析和计量分析的方法，其研究结论大多为定性或定量描述过去某一阶段趋势，耕地占用与GDP增长的实时变化是难以分析、预测和监测的，不利于深入认识耕地占用与GDP增长关系以及今后能够准确判断二者的发展趋势。

鉴于此，近年来不少学者对于耕地和建设用地面积变化与经济增长关系的研究中引入了"脱钩"理论。经济合作与发展组织（OCED）提出的脱钩分析模型和tapio划分脱钩理论被广泛接受，被引入分析耕地占用与经济增长的关系。如分析农业用地占用与经济增长之间的问题、研究建设用地扩展与经济增长之间的关系、低碳经济与建设用地的关系研究等。

　　下面对盐城市非农经济增长与建设用地扩张脱钩加以分析，并对许多影响建设用地占用耕地面积的因素进行定量的分析，其中都以数学方程式进行定量分析，这使研究结果更加具有说服力。研究盐城市近年来建设用地占用耕地面积与经济发展的关系及其影响农业用地占用因素时，使用脱钩分析模型和STIRPAT模型的方法，并以这种结果作为理论的依据，在今后盐城市经济发展的同时更好地保护农业耕地，经济也能更好更快地发展。

（一）研究区域概况

1.研究区概况

　　盐城位于32° 34'N ~ 34° 28'N，119° 27'E ~ 120° 54'E之间，处于江苏省东部，东临黄海，西北、西和西南同连云港市、淮安市、扬州市毗连，西南、西与泰州市、南通谁相连，是江苏东部南北交通要冲。盐城市地处苏北滨海平原和里下河平原，为沉积平原，全境地势低平，中部起伏平缓。属于亚热带和暖温带干湿润季风气候，冬冷夏热，秋季适宜。盐城有着得天独厚的土地、海洋、滩涂资源，素有"鱼米之乡"的美称，是江苏省土地面积最大、地势最平坦、海岸线最长的地级市，总面积14 562km²，总人口812万，主要有灌河、中山河、射阳河、新洋港、苏北灌溉总渠等均东流入海，串场河、通榆河南北纵贯。

2.数据来源

　　本节所使用的社会、经济和人口数据源于盐城市统计局网站公布的统计年鉴2000—2012年《统计年鉴》，盐城市2000—2012年土地利用现状。

（二）研究方法

1.脱钩分析模型

脱钩（decoupling）一词源于物理学领域，一般理解为"解耦"或"退耦"，用以描述两个变量间的脱钩关系，国内外学者将这一理论拓展到资源环境等方面研究，在土地利用研究中得到广泛地运用。根据Tapio等指标法，构建如下脱钩模型分析方法：

$$\alpha = \frac{(\beta_{n+1} - \beta_n)/\beta_n}{(Y_{n+1} - Y_n)/Y_n} \qquad (1)$$

式（1）中，α表示第n+1年的脱钩弹性指数，β_{n+1}表示第n+1年的建设用地占用耕地的面积，β_n表示第n年的建设用地占用耕地的面积，Y_{n+1}表示第n+1年的非农GDP值（第二产业与第三产业的国内生产值的和），Y_n表示第n年的非农业GDP值。

根据Tapio的划分方法，划分脱钩状态的临界值分别为0.8和1.2，这就使得脱钩状态被划分为8种类型（如图8-5、表8-1所示）。

当0＜α＜0.8时，当脱钩状态处于Ⅰ区间，其类型被称为弱脱钩型，该种类型表明为建设用地占用农业耕地数量的增加速度小于非农GDP的增加速度，它们均表明为增长状态；若脱钩状态处于Ⅴ区间，其类型被称为弱脱钩型，该种类型主要表明为建设占用耕地数量的减少速度大于非农GDP的减少速度，它们均表现为减少状态。

当0.8＜α＜1.2时，当脱钩状态处于Ⅱ区间，其类型为扩张连接型，此种类型表明当非农GDP的增长的同时建设用地占用耕地面积也相对同步地增长；当脱钩状态处于Ⅵ时，其类型为衰退连接型，此种类型表明非农GDP的减少的同时，建设用地占用耕地面积也相对同步地减少。

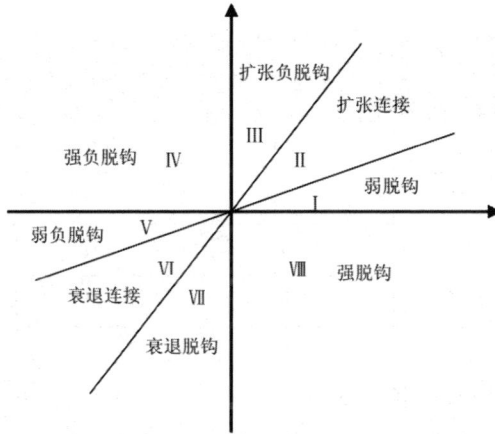

图8-5 脱钩程度坐标图

当1.2<α<+∞时，当脱钩状态处于Ⅲ区间，其类型为扩张负脱钩型，该种类型表现为非农GDP的增长速度小于建设占用农业土地数量的增长速度；当脱钩状态处于Ⅶ区间，其类型为衰退脱钩型，该种类型表明非农GDP的减少速度大于建设占用农业土地数量的减少速度。

当-∞<α<0时，当脱钩状态处于Ⅳ时，其类型为强负脱钩，该种类型表明当非农GDP减少时，建设占用耕地面积不但没有减少反而增加；当脱钩状态处于Ⅷ时，其类型为强脱钩，该种类型表明为当非农GDP呈现增长态势时，建设占用耕地面积持续减少，此种状态为经济发展的最理想的状态。

表8-1 建设用地占用耕地与非农GDP脱钩状态类型

脱钩状态	区间	表增量β（建设占用耕地变化率）	表增量γ（GDP变化率）	α取值范围
弱脱钩	Ⅰ	<0	>0	(0, 0.8]
弱负脱钩	Ⅴ	>0	<0	
扩张链接型	Ⅱ	<0	>0	(0.8, 1.2]
衰退链接型	Ⅵ	>0	<0	

续表

脱钩状态	区间	表增量β（建设占用耕地变化率）	表增量Y（GDP变化率）	α取值范围
扩张负脱钩	Ⅲ	< 0	> 0	(1.2，+ ∞)
衰退脱钩	Ⅶ	> 0	< 0	
强负脱钩	Ⅳ	> 0	< 0	(− ∞，0]
强脱钩	Ⅷ	< 0	> 0	

2.STIRPAT恒等式模型理论

Ehrlich提出了经典IPAT方程式，用来表示经济增长与环境压力的关系，其方程表达式为

$$I = P \times A \times T \qquad （2）$$

式（2）中：环境压力用I（impact）表示，包括资源和能源消耗（如生态足迹，碳排放等）；人口用P（population）表示，常表现为一个区域的人口总数；贫富程度用A（affluence）表示，通常用人均GDP表示；技术用T（technology）表示，以单位GDP产生环境指标来表示。

IPAT恒等式在实际应用中得到了不同的重构或扩展，York等人通过对人口、财富和技术的回归，进行环境压力的随机估计，提出了环境压力随机模型，简称为STIRPAT模型方程，表达式为

$$I = aP^b A^c T^d e \qquad （3）$$

式（3）中：a为方程的系数；人口、贫富度、技术进步等参考系数分别用b、c、d；e是误差系数。目前模型STIRPAT已被广泛地用于分析人口、经济和技术对环境压力的影响。

借鉴STIRPAT模型，可以构建建设占用耕地面积与其影响因子的计量模型，其表达式为

$$I = aP_1^{b1} P_2^{b2} A_1^{b3} A_2^{b4} T_1^{b5} T_2^{b6} e \qquad （4）$$

式（4）中：I表示环境影响，在本书中为盐城市建设占用耕地面积；P_1为人口总量，P_2为城镇化率；A表示财富因素，分解为A_1和A_2分别用人均GDP和全社会固定资产投资表示；T是技术因素，分解为T_1和T_2分别用房地产和建筑业当年生产总值表示；利用扩展后的模型可以更为全面的定量研究盐城市建设占用耕地的影响因素。

为了通过回归分析确定参数，对扩展后的STIRPAT模型两边取自然对数，得到

$$\ln I = \ln a + b_1\ln(P_1) + b_2\ln(P_2) + b_3\ln(A_1) + b_4\ln(A_2) + b_5\ln(T_1) + b_6\ln(T_2) + \ln e \qquad （5）$$

式（5）中：b_1、b_2、b_3、b_4、b_5、b_6是弹性系数，表示当P_1、P_2、A_1、A_2、T_1和T_2每变化1%时，分别引起I的b_1%、b_2%、b_3%、b_4%、b_5%、b_6%的变化。

将取自然对数后的各因子导入到SPSS19.0中，因变量为盐城市建设占用农业耕地面积，自变量为其他影响因子，按照时间变化的数据进行相关分析，可以得到各影响因子与因变量的相关系数，经过显著性检验可以判断是否可以作为有效影响因子。在有效筛选后，进行回归分析，确定扩展后的STIRPAT模型弹性系数。

（三）研究结果与分析

1.盐城市建设占用耕地情况

从总耕地资源来看，以2010年为分界点，2000—2009年总耕地资源增加了2 650km²，其中2000—2003年盐城市的实有耕地面积逐年减少，以后耕地面积逐年增加。在2009年到2010年政府由于实施耕地保护政策，故而耕地资源的总量增加十分明显，其增加量达到55 480km²，变化率达到最大值6.63%，以后每年也缓慢增加（如表8-2，图8-6所示）。

盐城市的建设用地占用耕地在2001—2012年约12年间每年都有不同程度的变化，最高的是2003年，占用了7 000km²，最少的是2001年，占用了77km²，两者相差90倍，就建设用地占用耕地表变化率来说，2002年达到极

大值为98.85%，2004年达到极小值为-463.15%，两者相差很大（如图8-7所示），这就说明在这两年农业耕地的减少面积多用于建设用地。

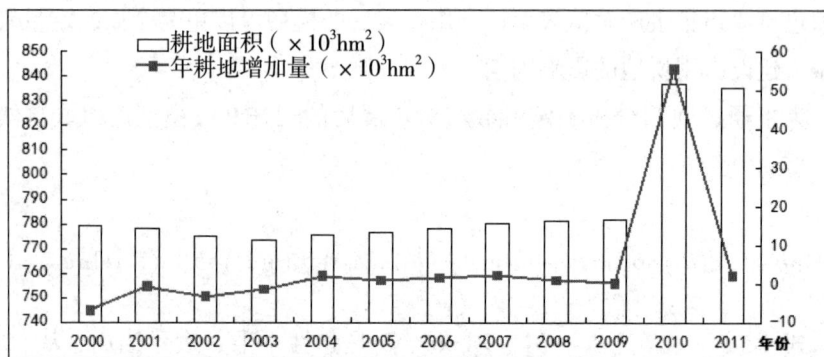

图8-6　盐城市主要年份的实有耕地面积及耕地增加量

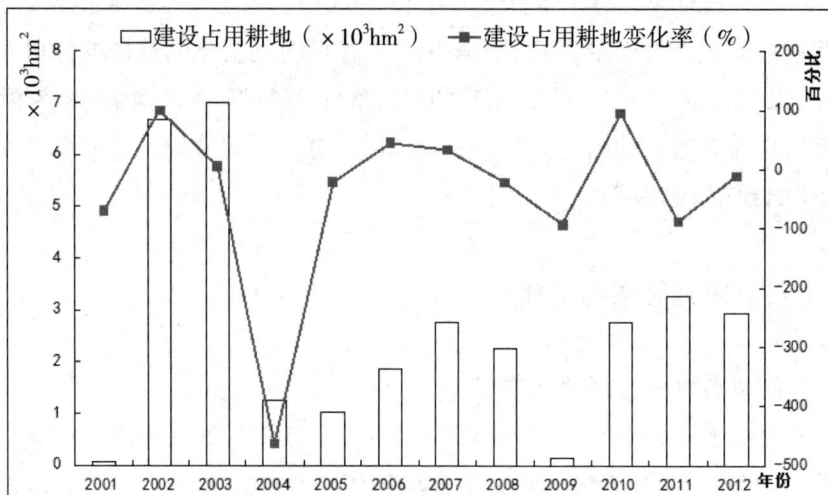

图8-7　2000—2012年盐城市建设占用耕地的面积及其变化率

2.盐城市经济发展情况

盐城市非农GDP产值从2000—2012年总体上是直线上升的，从2000年的383.45亿元到2012年的2 663.89亿元，前后大约是7倍，总数中增加了2 280.41

亿元。在2006年之前非农GDP增长还是相对缓慢的，在2006年之后非农GDP的增长速度相对加快。在2010年非农GDP的变化率最大，这也是由于在2009年实行沿海开发战略，致使经济快速发展。在2006—2009年这四年，其变化率相对稳定，在2011年和2012年非农GDP的变化率都在下降。总体上，盐城市的经济发展速度还是比较快的（如图8-8所示）。

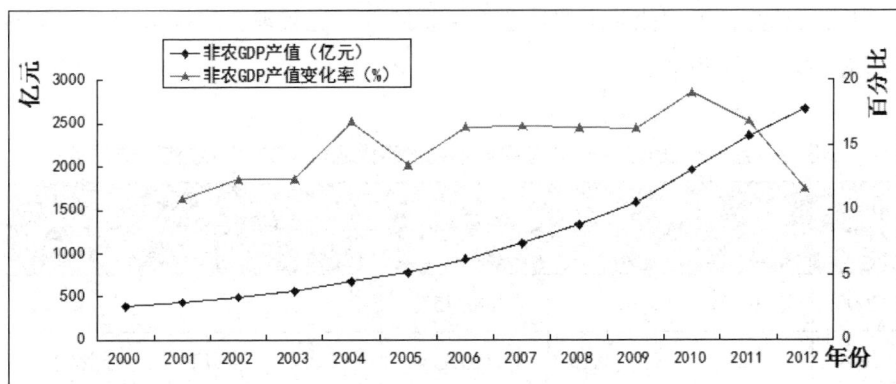

图8-8 盐城市非农GDP的产值与其变化率图

3.建设占用耕地与经济发展脱钩分析

（1）建设占用耕地与经济发展的脱钩分类

为了消除耕地占用或规划、政策等人为因素对非农GDP产值影响的滞后效应，非农GDP的滞后期设定为1年，即耕地面积减少数据和建设用地占用耕地的基础数据采用2000年至2012年数据，而非农GDP统计数据为2001年至2013年数据，为方便时间序列分析，本节将这两类数据进行了年份的统一，即都为2001年至2012年。

从表8-2中可以看出，总体上建设占用耕地与非农GDP的关系可以分为强脱钩、扩张负脱钩和弱脱钩三种基本类型。其中以强脱钩为主，占比例为58%，其次是扩张负脱钩，占比例为33%，而弱脱钩仅占9%。从时间序列上看，其脱钩系数呈现波动起伏状态，但其基本呈现出强脱钩—扩张负脱钩—强脱钩的周期性变化规律。2003年的脱钩弹性系数为0.38，为弱脱钩类型，非农GDP的增长率分别为12.35%，超过了同时期的建设占用耕地变化率的

4.7%，说明盐城市的建设用地附加值高，节约程度高。盐城市建设占用耕地与非农GDP的关系在2002年、2006年、2007年和2010年的表现为扩张负脱钩型，表现为非农GDP的增长速度比建设占用耕地面积的增长速度要小，而这些年份的前后均为强脱钩型，这可能与产业结构调整及经济效益的滞后效益有一定的关系，盐城市大多数年份建设占用耕地与非农GDP的关系表现出强脱钩类型，即建设占用耕地面积变化率相对不断减少，但非农GDP同期却呈现增长趋势，说明盐城市的社会经济发展处于比较理想的状态，土地利用具有较高集约化程度。

表8-2 盐城市2000—2012年建设用地占用耕地与非农GDP脱钩指数关系

年份	建设占用耕地×10^3hm^2	变化率（%）	非农GDP产值（亿元）	变化率（%）	脱钩指数	性质
2000	0.131		383.45			
2001	0.077	−70.13	430.05	10.82	−6.48	强脱钩
2002	6.671	98.85	490.61	12.34	8.01	扩张负脱钩
2003	7.000	4.7	559.71	12.35	0.38	弱脱钩
2004	1.243	−463.15	672.34	16.75	−27.65	强脱钩
2005	1.023	−21.51	776.39	13.40	−1.61	强脱钩
2006	1.862	45.06	928.60	16.39	2.71	扩张负脱钩
2007	2.765	32.66	1 111.41	16.45	1.99	扩张负脱钩
2008	2.268	−21.91	1 327.98	16.30	−1.34	强脱钩
2009	0.151	−93.34	1 586.00	16.27	−5.74	强脱钩
2010	2.752	94.51	1 958.53	19.02	4.97	扩张负脱钩
2011	3.260	−88.15	2 354.52	16.82	−5.24	强脱钩
2012	2.940	−10.88	2 663.86	11.61	−0.94	强脱钩

（2）建设占用耕地与经济发展在时间上的脱钩趋势

从脱钩指数的动态变化上看，按照3年一个时间段划分，（如图8-9，图

8-10所示）第一阶段：2001—2003年。该时期的脱钩关系：强脱钩—扩张负脱钩—弱脱钩的脱钩状态变化过程，波动幅度大，脱钩指数呈先上升后下降的趋势，其中2002年脱钩指数最大，为-8.01。该时期占用耕地的面积较多，其总体趋势是上升的。非农GDP产值缓慢增加，其变化率先缓慢上升。从两者发展的健康情况来看，该阶段呈现由最理想状态向畸形形态转变。

　　第二阶段：2004—2006年。该时期的脱钩关系：强脱钩—扩张负脱钩的脱钩状态变化过程，波动幅度较大，脱钩指数趋势呈直线上升趋势，其中2004年脱钩指数最小，为-27.65，2006年脱钩指数最大，为2.71。该时期占用的耕地较第一阶段变少，其变化率也呈直线上升。非农GDP的变化率先下降后上升的趋势，2005年其变化率最小，为13.40%。从两者发展的健康情况来看，该阶段呈现由最理想状态向畸形形态转变，总的来说该阶段是良好的。

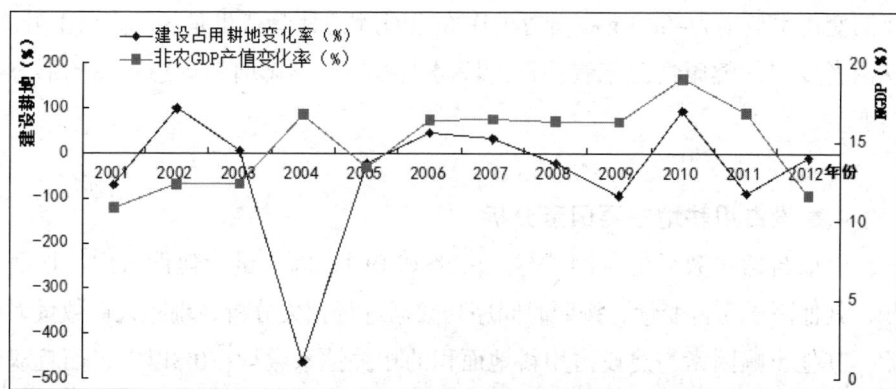

图8-9　2001-2012年盐城市建设占用耕地变化率与非农GDP产值变化率

　　第三阶段：2007—2009年。该时期的脱钩关系：扩张负脱钩—强脱钩的脱钩状态变化过程，脱钩指数呈直线下降，其中2009年脱钩指数最小，为-5.74。该时期占用的耕地量呈直线下降趋势，其变化率也呈直线下降，2009年的变化率最小，为-93.34%。非农GDP的变化率总体趋势缓慢下降，从两者发展的健康情况来看，该阶段呈现由畸形形态向最理想状态转变。

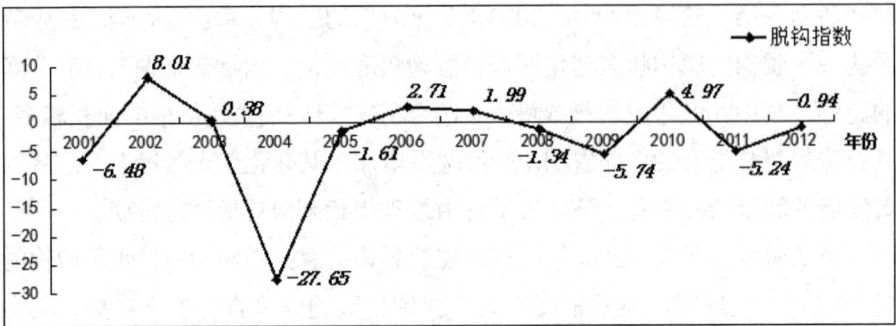

图8-10　2001-2012年盐城市建设占用耕地与经济发展脱钩指数

第四阶段：2010—2012年。该时期的脱钩关系：扩张负脱钩—强脱钩的脱钩状态变化过程，脱钩指数趋势呈"V"型，脱钩指数先下降后上升，其中2010年的脱钩指数最大，为5.22，2011年脱钩指数最小，为-5.24。该时期占用耕地的变化率先下降后上升，2010年的变化率最大为94.51%，2011年的变化率最小为-88.15%。非农GDP的变化率总体趋势也是先下降后上升。从两者发展的健康情况来看，该阶段呈现由畸形形态向最理想状态的形态转变。

4.建设占用耕地主要因素分析

将取自然对数后的各因子导入SPSS19.0中，因变量为建设占用耕地面积，其他因子为自变量，按照时间序列数据进行相关分析，剔除人口数量因素，其他影响因素与建设占用耕地面积的相关性系数均在0.8以上，而且双侧显著性检验在0.01置信区间上显著相关，可以判断其他5个产业、经济和技术影响因素都可以作为建设占用耕地面积的有效影响因子。

再利用SPSS19.0对数据进行回归分析，如表8-3所示：房地产业、建筑业、城镇化率、人均GDP和全社会固定资产投资的弹性系数分别为0.648、0.640、0.526、0.198和0.155，表示当房地产产值每增加1%时，盐城市建设占用耕地面积将增加0.648%；当建筑业产值每增加1%时，盐城市建设占用耕地面积将增加0.640%；当城镇化率每提高1%时，盐城市建设占用耕地面积将增加0.526%；当人均GDP每增加1%时，盐城市建设占用耕地面积将增加0.198%；当全社会固定资产投资每增长1%时，盐城市建设占用耕地面积将增加0.155%。房地产、建筑业和城镇化率是盐城市建设占用耕地面积最为重要的影响因素，其他因素影响相对略小。

表8-3　STIRPAT模型变量系数及显著性检验

	回归系数	标准系数	t 值	Sig值
常数项	4.262		−1.241	0.000
房地产	0.517	0.648	3.609	0.001
建筑业	0.613	0.640	3.531	0.001
城镇化率	0.233	0.526	0.727	0.001
全社会固定资产投资	0.605	0.155	3.888	0.001
人均GDP	0.736	0.198	3.709	0.002

房地产和建筑业的发展毋庸置疑地影响建筑用地占用耕地。城镇化率的提升意味着需要有更多的土地供应满足人们居住、出行和休闲等需求，盐城市的城市建设用地多是以牺牲耕地、林地等生产生态性用地为代价而获得的，从而进一步加剧了建筑用地占用耕地的压力。人均GDP和对建筑用地占用耕地面积的多少之间的关系没有上述三者明显，这是因为大多数人均GDP的贡献率来自农业、除建筑业以外的工业和除房地产业以外的第三产业，而全社会固定资产投资对建筑用地占用耕地面积的拉动也不显著，因为全社会固定资产投资除了小部分用于房地产开发，大部分用在基本建设（工业）、更新改造、其他固定资产投资方面。

（四）结论与建议

1.主要结论

本文应用脱钩分析理论研究了盐城市2001—2012年的建设占用耕地与非农GDP的关系，并构建STIRPAT模型并结合SPSS回归分析，对影响建设占用农业耕地的人口、经济和技术因素进行了定量研究。得出以下结论。

总体上建设占用耕地与非农GDP的关系可以分为强脱钩、扩张负脱钩和弱脱钩三种基本类型。其中以强脱钩为主,基本呈现出强脱钩—扩张负脱钩—强脱钩的周期性变化规律。

第一阶段:2001—2003年。该时期的脱钩关系:强脱钩—扩张负脱钩—弱脱钩的脱钩状态变化过程,波动幅度大,脱钩指数呈先上升后下降的趋势,从两者发展的健康情况来看,该阶段呈现由最理想的状态向畸形形态转变。

第二阶段:2004—2006年。该时期的脱钩关系:强脱钩—扩张负脱钩的脱钩状态变化过程,波动幅度较大,脱钩指数趋势呈直线上升趋势,该阶段呈现由最理想的状态向畸形形态转变,总的来说该阶段是良好的。

第三阶段:2007—2009年。该时期的脱钩关系:扩张负脱钩—强脱钩的脱钩状态变化过程,脱钩指数呈直线下降,从两者发展的健康情况来看,该阶段呈现由畸形形态向最理想的状态转变。

第四阶段:2010-2012年。该时期的脱钩关系:扩张负脱钩-强脱钩的脱钩状态变化过程,脱钩指数趋势呈"V"形,脱钩指数呈先下降后上升,从两者发展的健康情况来看,该阶段呈现由畸形形态向最理想状态的形态转变。

房地产、建筑业和城镇化率是盐城市建设占用耕地面积最为重要的影响因素,其他因素影响相对略小。随着经济的发展和高度工业化的进程,城镇化率提高,农村剩余劳动力向城市集中,这为城市的发展提供了劳动力,同时也为城市因人口过多带来了许多问题,如住房需求、交通拥挤、城市治安等。这些问题的解决需要大量用地用于新建房屋、道路等公共设施。房地产业和建筑业的兴起,大量的农业土地被占用,城市不断地向外扩张,道路、小区、商业中心等不断地被兴建,这两个行业极大地影响耕地占用的现状。

2.对策建议

(1)合理推进城镇化进程

盐城市应当从区域实际和特色出发,做到科学规划城镇发展,积极缓解耕地压力,大力发展港城和小城镇建设,实现就地城镇化,积极发展城市垂直空间,大力发展地下空间和城市立体交通体系,如盐城建筑中路正在使用的地下商业街,引导城镇化健康发展。在未来的城镇化进程中要正确处理城市的建设用地与耕地保护的关系，坚持贯彻城市理性与健康增长的理念，严格执行新一轮的土地利用规划，坚持用科学的城市总体规划引导城镇化进程。围绕发展方式转变和结构调整、节约集约土地、社会管理、资源分配、环境保护等问题，创新体制机制，正确处理好"好与快"的关系，制度保障在发挥城镇化效应时被提供，同时合理的城镇化可以有效地节约土地和基础设施建设资金。

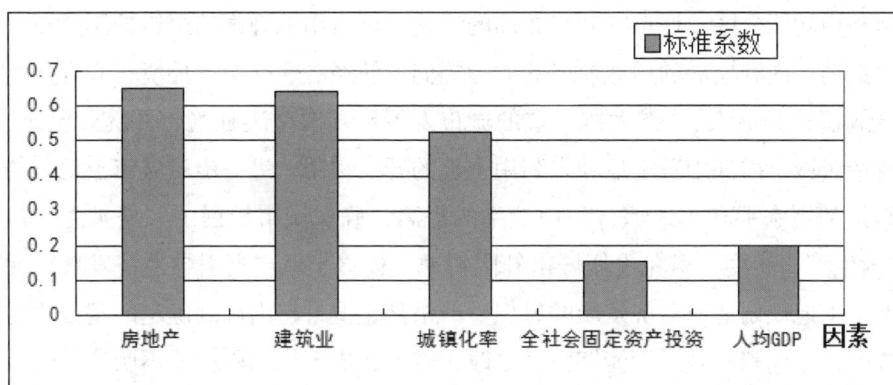

图8-11　对建设占用耕地面积的主要影响因素

（2）加快产业转型

盐城市要通过转变经济增长方式，进一步提高土地集约水平，采取产业升级和技术革新等手段，有效快速地发展和积极地引导服务业、金融业，提高技术进步为城市发展贡献力量，促进耕地占用与经济增长的持续脱钩应用于经济增长作用的方式。这一新突破由世界科技与产业革命所产生的以及全球结构调整的机遇要及时抓住，使引导新兴产业、改造传统产业与发展城市经济有效地结合起来，使创新型的大平台得以构建，产业集聚发展被促进。鼓励传统建筑业、制造业企业加快改造提升，做精做强主营业务可以通过各类改造、创新、提升等手段或使传统生产经营模式得以转变，使产业与城市、企业与市场融合的发展被促进。合理调整产业结构，加大产业研发投入，重视产业技术创新，提高第三产业占国民经济的份额，战略性新兴产业规模要扩大，规模经济行业产业集中度要有所提高，培育发展一些具有全国竞争力的企业公司。大力推进宾馆酒店、休闲娱乐、旅游服务等旅游休闲产业发展，结合盐城特有的景点，如大丰的麋鹿、射阳丹顶鹤等，大力宣传和打造旅游产业，增加GDP的增长。改变粗放型的生产方式，有效利用生产能源，保护自然环境。如盐城的地理位置处于沿海地区，风能充足从而可以投资建立大型的风能发电站以解决企业用电问题。

（3）合理布局土地功能

对于执法人员，严格执行新一轮的土地利用规划，合理划分城市各个土地利用功能分区，城市空间与布局的优化，城市用地规模的严格控制，以节约集约、内涵挖潜的用地模式的大力提倡，使经济—社会—环境—心理的组合效益达到最大，"摊大饼"式的城市发展模式要坚决杜绝，并综合治理、改造对城市内部闲置土地和未利用土地的开发利用，进一步对城市土地节约集约利用水平和土地综合利用效率的提高，确保城市扩展由"外扩型"向"内生型"转变，避免占用城市外围耕地。树立土地规划引导经济发展，而不是土地规划适应经济发展的思想。严格禁止擅自超出规划确定的建设用地范围；土地利用规划不能够频繁更改，避免造成土地利用性质不明确，土地利用深度不够。在乡镇地区，乡镇企业的发展和小产权房一般采用"遍地开花"的模式，有些政府未站在可持续发展的角度下，为了提高本乡镇经济的快速发展，一味地鼓励乡镇企业厂房的建设，从而导致出现了一种乡乡办厂的局面，由于没有科学的产业布局规划，大量的耕地被占用，其中这些乡镇企业中有的是重污染企业，他们的污水处理系统落后，致使厂房周围的农田被污染，农产品产出低。所以政府要执行合理科学的小城镇规划和土地利用规划，在提高经济增长的前提下合理利用土地的内在潜力。

第三节 农村宅基地管理

一、农村宅基地的概念

农村宅基地是指农村村民用于建设住宅和厨房、厕所等设施的土地及庭院用地，包括建了房屋的土地、建过房屋但已无上盖物不能居住的土地以及准备建房用的规划地三种类型。农村宅基地属于集体所有，农村居民只有使用权。在相当长的时期内，农民的宅基地及其地上附着物的所有权一直是归农民私人所有的。中华人民共和国成立后，直到初级社、高级社、人民公社以前，宅基地和房屋也一直是农民的私产。人民公社的建立，使农村宅基地的权属经历了从农民所有制到集体所有制的历史性变革。1962 年 9 月，中共八届十次会议通过的《农村人民公社工作条例修正草案》规定"生产队范围内的土地，都归生产队所有，生产队所有的土地，包括社员的自留地、自留山、宅基地等，一律不准出租和买卖"，确立了农村宅基地集体所有的体制。

1982 年的《中华人民共和国宪法》和 1986 年《土地管理法》以及现行的相关法律法规，均保留了农村宅基地集体所有、个人使用的规定，形成了"一宅两制"：宅基地归集体所有，宅基地上的住房等附着物归农民所有。宅基地使用权受法律保护，任何单位和个人不得侵占、买卖或者以其他形式非法转让。

二、农村宅基地三权分置制度

（一）宅基地的所有权

纵观我国土地制度的变迁史，不难发现我国长久以来奉行实施的是土地公有制度，而宅基地所有权则是土地所有权制度的重要内容，主要内容有对外与对内这两个方面。在对外方面，我们知道宅基地归集体所有，本集体组织的成员可以依法享有相应的权益，根据《土地管理法》第十条，集体和国有的土地可以跨越集体组织成员身份的界限，必要时可以依法确定给某些个人和单位使用，这一规定具有里程碑式的意义，进一步明确了集体和第三人之间的合法有效的土地流转。在对内方面，《土地管理法》第十一条的规定使得土地和集体组织成员内部的关系以及宅基地所有权的主体予以明确，农民集体所有的土地由村集体经济组织和村委会经营管理。因此，我们不难发现，宅基地所有权既有集体所有的公共性质，又有集体内部成员均可使用的私人性质，宅基地所有权不仅是对农民的住宅权的私法保障，更是对公共权力的制约，所以，我们要学会遇事权衡利弊，着眼于集体的利益，切勿盲目追求个人利益而去做有损集体利益的事，通过认真贯彻落实宅基地资源的分配工作以此来更好地推动农村经济的稳定发展。

（二）宅基地的资格权

首先，农村集体经济组织的内部成员的身份是评定该宅基地资格权的关键，因此只有把握好资格权的主体，才能更好地确定宅基地资格权的界限。

其次，大部分宅基地资格权的认定依据都是按照法律规定来进行确认的，但由于我国农村地域面积广阔，各地发展水平以及生活状况差异较为明显，所以也可以根据当地农村发展的现状予以认定，这与成员权利的确定方式相似。

最后，宅基地资格权的实现主体是排除该集体组织成员以外的其他人，资格权的实现仅对针对该特殊身份才有现实的法律意义，除此之外的其他人是不能参与竞争资格权主体的。

（三）宅基地的使用权

探究宅基地使用权内容的提出，我们不难发现它是盘活闲置土地政策下的必然选择，若想真正做到宅基地高效流转，我们需要动员广泛社会主体的参与与配合，只有让宅基地的流转融入市场经济的发展洪流中才能真正做到让土地改革的利益惠及每一个百姓。我们选择提出宅基地使用权的目的是为了让各阶层的社会主体都能增强参与建设乡村的积极性，鼓励大家形成全民振兴乡村的良好社会氛围，这一目的固然对拉动农村经济的发展有益，但与此同时我们绝不能忽视农民对相关合法权益的保护，一旦农户将使用权外包给集体组织以外的其他成员，农民就丧失了安身立命的本钱，自然在双方的交易中处于弱势地位，若以长远发展的眼光来看的话，外来人的介入可能会不利于整个农村经济的发展，毕竟商人的本质是追逐利益，获得的利润才是评判项目能否继续运行的标准，更何况我国经济迅猛发展的态势是我们谁都无法预料的，我们谁都无法预计十年前和十年后的房价到底差了多少，因此将宅基地使用权外包他人的弊端还是很大的，我们无法估量更无法控制，长此以往将不利于我们农村经济的发展以及整个社会的平稳运行。

通过对农民个人将使用权转让这一问题弊端的分析，笔者认为农民若想转让使用权，对于双方来说最好的方式就是农民把转让权交给村集体，集体组织再将宅基地使用权交给组织之外的第三人，由集体组织代替农民参与管理，不仅简化了复杂的法律关系，更重要的是有效保障了农民的合法权益，通过集体组织选择的第三人必然是经组织仔细斟酌、认真考量集体利益后才做的决定，集体组织参与的土地流转是符合农村经济发展现状以及保障广大农民合法权益的必然选择，实现集体经济组织对宅基地的收益权和处分权，真正做到将宅基地集体所有权落到实处。

第四节　农村土地健康利用时空格局及其影响因素分析

一、"健康"与"土地健康"

"健康"与传统意义上的"疾病"形成鲜明对比。我们经常认为身体疾病使机体崩溃，机能丧失，生命质量的损失，甚至会致死。现代健康不仅意味着身体无疾病。据世界卫生组织介绍，健康是身体和精神上的完全恢复状态，不是疾病和病弱的缺失，这就是人们对身心健康的理解。也就是说，一个人在身体健康、心理健康、社会福祉和道德健康的各个方面都是健康的，这是一个完全健康的人，可以通过诸如身高、体重和血压的可测量值来诊断人体的健康。

"健康"不仅适用于人体、动植物之类的生命机体，同样也适用于土地生态系统、社会制度等非生命体。

"土地健康"是由"人类健康"衍生而来，是测定土地生态系统状态的指标，这符合人类社会必须合理产品和服务的所有种类以及可持续发展的社会经济条件。因此，为了土地的健康，不仅包括陆地本身的结构和功能，还包括物质循环的稳定性和陆域生态系统的能量流。其他相关系统的健康状况和社会经济发展，它还需要人、其他机体和环境的共生和相互促进。

二、农村土地健康利用指数测度

指标是评估的范围。导致土地健康变化的因素有很多，但不能全部包括进去。所以要选择其中更能代表并且能主要影响评价效果的指标，同时还要符合可分析并且操作性更高的特性。下面利用 PSR 模型从压力、状态、响应三个方面构建了土地健康评价指标体系，分成了四个层次。尽可能满足乡村振兴战略背景的需要。最后，筛选出 22 个指标组成评价指标体系（如表8-4所示）。

表8-4　农村土地健康利用评价综合指标

农村土地健康利用评价综合指标	压力（P）	人口压力	人口密度（人/km²）	负	生态宜居
			人口自然增长率（‰）	负	生态宜居
		社会经济发展压力	GDP增长率）（%）	负	产业兴旺
			城镇化水平（%）	负	产业兴旺
			固定资产投资增长率（%）	负	产业兴旺
		土地利用强度	复种指数（%）	负	产业兴旺
			城市征用耕地面积（km²）	负	治理有效
			农用化肥施用量（万吨）	负	生态宜居
	状态（S）	社会经济发展水平	第一产业占GDP的比重（%）	正	产业兴旺
			人均GDP（元）	正	生活富裕
			城镇居民可支配收入（元）	正	生活富裕
			农民人均纯收入（元）	正	生活富裕
		土地利用状态	人均耕地面积（m²）	正	治理有效
			人均建设用地面积（m²）	负	乡风文明
			单位土地农业产值（万元/hm²）	正	产业兴旺
		生活环境质量	森林覆盖率（%）	正	生态宜居
			湿地率（%）	正	生态宜居

续表

农村土地健康利用评价综合指标	响应（R）	调整压力	农村有效灌溉面积（×10³hm²）	正	治理有效
			单位耕地农机总动力（kW/hm²）	正	产业兴旺
			涉及耕地面积案件查处（hm²）	正	治理有效
		改善状态	国家财政用于教育支出（万元）	正	乡风文明
			水土流失治理面积（×10³hm²）	正	治理有效

第五节　城镇化背景下土地集约利用的标准化实践与探索

一、农村土地集约利用基本理论

（一）土地集约利用内涵

自然资源部将土地的集约和经济利用归纳为三个方面。

首先，土地的经济利用，即每一个建筑都应尽可能地节约土地，尽可能地不占用或占用较少的耕地。

其次，土地集约利用，即每个建设用地必须增加投入产出比，强化土地利用集约化程度。

最后，整合与储备土地资源，合理规定土地出让时间与次数，优化建设用地的结构和分布，充分挖掘土地开发潜力，提高土地的分配与利用效率。以此满足我国土地资源紧缺背景下土地利用的需求，保证社会经济平稳健康地发展。

（二）农村土地集约利用内涵

基于土地集约利用管理理念与农村建设目标，将农村土地集约利用的核心含义概括为：在社会经济平稳健康的发展条件下，明确农村土地规划、农业社区建设标准以及国家法律机制的引导地位，科学规划不同类型用地布局，按照实际标准与群众需求，确定住房面积，在改善农村差异化用地结构的基础上，完善农村土地利用方案，以当前具备的村庄存量土地为根本，提前规划各模块功能，结合社会发展趋势，及时调整农村产业结构，推进集约经营。

二、新农村建设中土地集约利用的问题

（一）缺乏宏观调控

由于工业化和信息技术的快速发展，在多项政策措施的影响下，不同地区的农村建设已经开始显露出一定差距，给今后各级政府部分对基层展开的管理调控工作带来阻碍。农业生产及建设的主要问题在于土地资源的活跃度与流动性，以保证农村土地价值的维持与提升。由于相关部门没有对流通机制进行完善，使农村土地市场的发展受到限制。考虑到各地区发展水平不同，对土地资源的供需结构也不同，在土地资源供大于求的农村，土地价值则一定会比供小于求的农村土地价值低，如果没有对流通范围进行扩大，将会直接降低农村土地资源的配置。

（二）土地管理模式落后

在新农村建设中，利用土地整理获取的剩余土地资源主要是通过农村集体进行开发和管理，由此土地使用权掌握在少数人手中，这可能会导致权力寻租问题的出现。在集约化管理模式的影响下，村民委员会的职能被越发重视。村民委员会属于民间组建的自治组织，在管理活动中，主要作用于末梢管理，但在新农村建设过程中，追求利益的现象显现出来，开始逐渐偏离大部分农民的主观意愿，使土地集约利用难以发挥实际效用。①

（三）建设用地市场机制不健全

当前，土地产权制度的不平衡配置，导致违法土地资源交易活动及灰色土地市场问题的出现。这种情况直接表明部分管理部门没有对土地市场进行有效管理，没有起到土地市场流转的作用。用于农业土地流转市场资金投入较大，利益激励力度不够。同时，灰色农业土地资源交易市场的出现，说明非法土地交易制约与管理机制欠缺；由于农村土地资源交易具有排他性，导致集体土地所有权转移给集体经营组织或其他集体以外的主体时受到限制。

（四）土地流转市场规范机制较缺乏

首先，土地流转市场尚未完善，中介组织服务较为欠缺。土地流转主要依靠自发性和政府推动，尽管农户有将土地转出的意愿，但受限于流转对象的对接，而生产规模较大的农户与农业企业没有多余精力用来和农户谈判，既费时费力，还不能确保土地的连片化规模。土地流转空间十分受限，并在此过程中不可避免地出现交易成本，使转让成本有所增加，降低土地流转速

① 苗根明，夏晶，崔晓鹏，史友峰，胡良兵.新型城镇化背景下土地资源节约集约利用的标准化实践与探索——以海安市土地利用"五化并进"工作为例[J].标准科学，2020（10）：77-80.

度、规模和效益。

其次，土地流转的风险较大，农民利益保护机制尚未建全。在土地出让之前，没有市场准入机制来对大型种植组织和农业企业主的农业经营能力进行资格审查和评估。土地出让后，一旦流通业主存在操作失误而未能履行合同，便会给参与流通的农民造成巨大的经济损失。

最后，农民流通收入缺乏增长机制。根据转让合同的约定，转让农民土地的收入一般是固定的，在转让期间不能调整租金，随着土地的持续发展，转让收入没有得到相应增加。

三、土地资源集约利用标准化建设研究

（一）标准化管理系统建设

（1）基本标准子系统：土地资源相关术语、土地环境质量及土地类型等级标准。

（2）土地规划减量化标准子系统：土地测绘勘察、规章编制标准。

（3）计划指标市场化标准子系统：链接指标所应用的标准与土地价格监测评估标准。

（4）农业耕地质量保护标准子系统：高质量耕地建设、开垦、土地整理、土地改良和耕地质量评估标准。

（5）土地利用集约化标准子系统：准入审批标准、闲置和低效土地利用调查评估标准。

（6）土地服务实时监管标准子系统：数据采集、数据库搭建和土地监督管理标准。

（7）管理标准子系统：管理标准子系统主要包括土地使用"五化并进"工作指南、工作监督、服务满意度评价标准。

（8）法律法规：国家主席令、国务院令、自然资源部令、原国土资源部令、农村发展以及地方土地资源管理的法律法规。

（二）土地资源集约利用标准化实践建设策略

1.制定关键技术标准

在制定土地使用"五化并进"的主导标准体系进程中，不仅要对明晰现有管理标准的职能与界限基础上，对国家标准、行业准则、地方土地集约利用情况进行梳理，还要结合地方实际挂钩闲置指标、土地利用效率、工业用地效益、土地利用现代化管理平台、执法监督管理等关键技术与必要环节，制定农业地区土地资源集约利用工作的技术标准，保证农村地区在开展与土地利用相关的所有环节、步骤、关键技术的准确性与规范性。

2.完善核心管理标准

为了规范和普及国土资源利用标准化经验，围绕我国农业土地资源通过"五化并进"以及国土资源管理评估工作，制定了农村土地集约利用的管理标准。其中，重点整理了土地资源管理减量化、规划指标市场化、耕地保护完善化、集约利用标准化、服务监督高效化等方面的工作经验，并制定了"五通"工作标准。归纳总结了关于农村土地资源现代化、标准化管理工作指南。同时，围绕农村土地资源标准化管理工作的评估对象、原则、方法以及要求，制定了土地资源管理工作评估标准。①

四、循环经济视角下的土地集约利用——以江苏盐城市为例

国内外许多学者将土地利用与循环经济的结合，对土地可持续利用评价指标体系和方法进行了研究，取得了十分有价值的成果。例如，李植斌从资

---

① 高新才，张冀民.民族地区新型城镇化与农业土地资源集约利用耦合关系研究[J].贵州民族研究，2016（4）：40-44.

源环境、社会、经济三个方面对城市土地持续利用进行了评价分析研究。尹君、陈志刚与黄贤金等从资源、环境、经济和社会四个方面构建了土地可持续利用评价指标体系。大卫·皮尔斯和凯利·图纳指出，循环经济是建立可持续发展的资源管理规则，使经济系统成为生态系统的组成部分。下面主要以盐城市为例，分析盐城市土地利用现状，在循环经济的基础上对盐城市土地利用可持续发展进行评论分析，以期促进盐城市土地更好地发展。

盐城市总面积大约1.70万km^2，是江苏面积最大的城市，其中滩涂总面积4 550km^2，近期可供开发利用的面积达1 300km^2，而且沿海滩涂每年还以约13km^2的速度向外淤长，盐城市土地资源十分丰富，是江苏最大、最具潜力的土地后备资源区。

盐城市的土地利用，按照土地分类可以分成三大类，其中一级类用地分为农用地占64.90%，建设用地占15.96%，未利用土地占19.14%（如表8-5所示）。

表8-5　盐城市2012年土地利用现状百分比

一级地类	比重	二级地类	比重
农用地	64.90%	耕地	49.34%
		园地	0.93%
		林地	0.74%
		人工牧草地	0.01%
		其他农用地	13.88%
建设用地	15.96%	居民点工矿用地	12.88%
		交通运输用地	1.19%
		水利设施用地	1.89%
未利用地	19.14%	未利用地	11.86%
		其他土地	7.28%
合　计	100.00%	合　计	100.00%

耕地比例最大，充分体现盐城市土地利用率高、垦殖率高的特点。盐城市建设用地占总面积的15.96%，占辖区总面积的七分之一，充分反映盐城市

城市建设快、建设特大型城市、工业规模大的城市特色。未利用土地占总面积的19.14%，占辖区总面积的五分之一，说明盐城市具有较大的后备资源。

（一）资源的动态变化

根据2012年年末的土地变更调查总统计数据显示，盐城市全市范围内各类土地发生了一定的变化，各类土地有增有减，但土地的净增减总量真实反映了土地变化趋势，全市土地变更总面积为132.5241平方千米，从净减少角度讲，农用地净减45.2473平方千米；从净增加角度讲，未利用地净增加4.5288平方千米，建设用地净增40.7185平方千米。建设用地变更的总量相对不大，建设用地总量增加58.7311平方千米，说明宏观经济调控后建设用地供应量锐减，建设占有土地下降在土地变更调查中得到正确反映（如表8-6所示）。

表8-6　盐城市各类土地变化情况一览表

单位：平方千米

土地类别		2010年初面积	2012年末面积	变化情况		
				年内增加	年内减少	净变化
农用地	耕地	8 371.2955	8 355.7097	32.9851	48.5709	−15.5858
	园地	158.746	158.2399	0.4527	0.9588	−0.5061
	林地	126.1899	125.0813	0.0318	1.1404	−1.1086
	牧草地	8.6	8.6	0	0	0
	其他农用地	2 377.4341	2 349.3873	14.8842	42.931	−28.0468
建设用地	居民点工矿用地	2 148.1048	2 180.6769	46.7998	14.2277	32.5721
	交通运输用地	190.3775	200.7605	10.9401	0.5571	10.383
	水利设施用地	322.5179	320.2813	0.9912	3.2278	−2.2366
未利用地	未利用用地	2 012.3287	2 007.7284	7.8911	12.4914	−4.6003
	其他土地	1 224.2871	1 233.4162	15.2063	6.0772	9.1291
合　计		16 931.2901	16 931.2901	132.5241	132.5241	0

（二）循环经济视角下的盐城市土地可持续利用评价

1.评价指标体系的选择及权重的确定

建立循环经济的城市土地利用评价指标体系，一方面要考虑所选指标能够充分反映土地利用的循环经济发展水平，另一方面又要考虑到搜集资料的来源及可获得性。然而从循环经济的原则出发，基于循环经济评价指标体系建立的"3R"原则，即"减量化、再利用、再循环"三个原则，从土地利用投入、土地资源再利用、土地资源环境安全、经济社会发展程度四个方面，共选取了22个指标。数据选取 2003—2012 年盐城市统计年鉴、国土资源年鉴、城市统计年鉴相关数据整理得到。指标权重主要采用层次分析法，对各个层次的权重进行确定，即通过构建判断矩阵进行层次单排序获得各个控制层的权重，再采用均分的方法将控制层权重分配给各个操作层的指标，最终获得各个操作层指标的总权重（如表8-7所示）。

表8-7　盐城市土地循环利用评价指标体系

目标层A	控制层B	权重	指标层C	指标层说明	指标权重
盐城市土地循环利用可持续发展评价	土地资源投入	0.24	C1单位耕地机械动力投入	农业机械动力投入/耕地面积	0.0334
			C2单位土地面积固定资产投入	固定资产投入/土地总面积	0.0937
			C3单位耕地化肥使用量	化肥使用量/农作物播种面积	0.0454
			C4地均劳动力投入	劳动人口数量/土地总面积	0.0345
			C5地均基本建设投资	单位内建筑面积/土地总面积	0.0330
	土地资源再利用	0.257	C6土地整理率	土地整理的面积/土地总面积	0.0524
			C7土地复垦率	土地复垦的面积/土地总面积	0.0807
			C8土地开发率	土地开发的面积/土地总面积	0.0889
			C9复种指数	农作物面积/耕地面积	0.0350

目标层A	控制层B	权重	指标层C	指标层说明	指标权重
盐城市土地循环利用可持续发展评价	土地生态环境	0.196	C10森林覆盖率	林地面积/土地总面积	0.0291
			C11建成区绿化率	建成区绿地面积/建成区总面积	0.0575
			C12地均废水排放量	废水排放量/土地总面积	0.0107
			C13地均废弃发放量	废弃排放量/土地总面积	0.0107
			C14地均环保投资	环保投资/土地总面积	0.0373
			C15工业固废利用率	工业固废利用量/工业固废产出量	0.0507
	社会经济发展	0.307	C16人均GDP	GDP/人口总数	0.0867
			C17单位GDP占地面积	GDP/土地总面积	0.0237
			C18单位粮食产量占地面积	粮食总产量/耕地面积	0.0111
			C19城市人均住房面积	城市住房面积/非农人口总数	0.0664
			C20单位工业产值占地	工业总产量/工业用地面积	0.0551
			C21恩格尔系数	人均食品支出/人均生活消费支出	0.0264
			C22单位农林牧渔产值占地	农林牧渔总产值/土地总面积	0.0385

2.评价指标量化与标准化

由于各项评价指标采用的单位和量纲不同，各因子不能直接进行运算，均需进行标准化处理，才能进行计算。所选评价指标分为正向型指标和负向型指标两种，正向型指标其指标值越大，所反映的循环经济发展水平越高；负向型指标其指标值越大，所反映的循环经济发展水平就越低。

针对不同的指标类型，指标标准化公式如下：

正向型因素：
$$M = N/X_{max} \tag{1}$$

逆向型因素：$\qquad M = X_{\min}/N$ （2）

其式中：M是指处理后某因素指标值；N是指处理前某因素指标值；$X_{\min}$是指处理前某因素最小指标；$X_{\max}$是指处理前某因素最大指标。

3.综合评价值的公式计算

在评价指标体系中，必须进行总体状况的综合评价，并且每一单项指标都可以从不同侧面反映土地可持续利用的状况，一般采用多目标线性加权函数来计算。计算公式如下：

$$U_j = \sum_{i=1}^{n} a_{ij} r_{ij} \qquad (j=1，2，3，4，n=1，2，3，\ldots，30)$$ （3）

$$U = \sum_{j=1}^{m} U_j W_j \qquad (m=1，2，3，4\ )$$ （4）

式中：U_j表示第j个控制层在循环经济基础上的土地可持续利用水平的指数；a_{ij}表示各单项指标的标准化值；r_{ij}表示为第j个控制层第i项中单项评价因素的权重；W_j表示第j个控制层的权重；U表示在循环经济基础上的区域土地可持续地利用综合指数（如表8-8所示）。

表8-8　盐城市土地循环可持续利用综合评价指标系统

年份	2003	2005	2007	2009	2011	2012
土地资源投入	0.2152	0.2150	0.3305	0.3904	0.3604	0.3853
土地资源再利用	0.2379	0.2747	0.3099	0.2684	0.3037	0.4573
土地生态环境	0.1745	0.1503	0.1716	0.1962	0.2264	0.2516
社会经济发展	0.4741	0. 5011	0.5478	0.6485	0.7377	0.8183

4.结果分析

从评价结果分析上看，土地资源投入、土地生态环境和社会经济发展都呈增长形势。自2007年以来，盐城市在土地利用上的循环经济发展水平呈总体上升趋势，通过图8-8可以发现各个指标的2012年评价指数都大于2003

年的水平，其中增加速度最快的是社会经济发展。

　　土地资源再利用在2012年这一年得到了更好的循环利用，这一年的社会经济发展也得到了最大指标。由此看来，不能一味地对土地资源投入，还需要对土地资源进行利用才能对达到社会经济的最大发展水平。总体上盐城市城市土地利用过程中循环经济发展现阶段正处于中等偏上的水平。结果表明社会经济的发展需要其他三者的协调，将循环经济运用到土地利用中不仅可以保护土地资源和土地的循环再利用，减少对环境的破坏和减少资源的浪费，还带动盐城市经济水平的进一步提高。

（三）盐城市土地可持续利用的对策与建议

1.制定土地利用规划，加强土地管理，合理开发

　　盐城市是传统的农业大市，城市化和工业化起步比较晚，基数较小。随着经济社会快速发展，经济结构的调整，经济总量的扩张，城镇化、工业化进入快速发展阶段，在规划和实施期间，空间布局不能满足城市化和工业化的发展要求。因此，要正确处理经济发展和保护耕地之间的矛盾，加强对盐城市土地利用规划的管理，实现经济与土地资源的和谐发展。

2.形成沿海工业园区，开发滩涂，搞生态城市

　　大力发展沿海工业可提升盐城沿海滩涂开发水平，保证土地的扩张和可持续利用，可以围绕大丰港、射阳港、陈家港等区位优势，加快发展食品、盐业等传统工业和海洋医药、海水淡化、海洋开发等新兴产业。所以应严格对工业污染加以控制，注重工业和三废的处理，做到资源的节约和循环再利用。盐城市是一个生态环境较好的城市，可以打造它成为生态旅游区和生态小城镇。随着盐城沿海滩涂农业资源开发规模的不断扩大，人口逐步引入和产业门类的发展，适时地加强沿海生态城市建设，对一个地区的社会、经济、环境保护等持续、稳定、协调、健康发展具有永久性的作用。

3.改变观念，将循环经济思想运用于土地利用规划

　　将循环经济基本理念运用到土地可持续利用中，深入开展土地利用循环

经济规划研究，加大土地循环利用的投入，可以将废弃地恢复为耕地或经过整治可作为建设用地或绿化娱乐用地，就可以充分挖掘资源潜力，提高集约化利用程度，促进土地资源可持续利用，有利于改变土地利用格局将废弃土地资源化，引导产业升级和机构调整，进一步提高土地利用效率，促进资源环境协调发展。

4.加强土地资源管理，强化土地利用规划

在盐城农业生态系统依据《盐城市土地利用总体规划》《江苏沿海滩涂围垦开发利用规划纲要》等一系列规划文本的建议采取一定的举措，学习这些规划文本的精神并参照文本中安排的规划来控制盐城当地的相应指标，合理发展盐城市各土地利用类型的总体规划，协调好各规划之间的矛盾，实行多种规划同时并行。同时，与此有关的土地管理部门要按规划好的各类土地供应计划去实施管理行为，严格把控农业用地的标准、规模，通过政府的政策控制和市场的调节两种不同手段相结合的方法更加合理地利用农业用地、优化资源的使用，关于农业用地的各种市场行为应更加规范和完善，利用高科技的手段搭建起关于农业用地相关信息的网络平台，优化完善农业土地资源线上信息和服务，促进农业土地资源的管理等相关法规的实施。

5.坚持人口适度发展，缓减土地供应压力

随着经济的不断发展和新型城镇化的出现，在将来的一段时间内盐城人口在数量上会不断增长。因此区域农业生态体系中对于各种土地利用类型的优化可推行主体功能区战略，也就是依据区域资源环境承载力、目前在开发建设方面的现状以及该地区发展的后续力量，在将该区人口规模控制在合理水平的同时，依据研究区域也就是盐城各县市主体功能，根据研究区下每个分区各自拥有的优势确定不同的发展方式，调整发展策略，将发展的强度控制在一定范围内，对于发展的秩序要建立一定的规章制度以规范使之合理，将提升当地人民的素质、提升资源的有效使用、加强环境保护与战略性调整经济结构相结合，为保护环境节约资源而努力。

6.积极实施产业转型，提高土地利用效率

通过改变生产模式，盐城市农业才能进一步提高优化农业土地利用水准。采用升级产业和革新技术等措施，能迅速发展、积极引导产业结构的完善和发展，通过这样的手段可以提高农产品的质量及附加价值并为区域可持续发展做出努力。在国家大力发展可持续发展实验区时要牢牢把握住机会，以更好地获得政策扶植。可以把新型的农业产业与向现代化方向优化的传统农业产业结合并发展与盐城有关的特色农业经济，建立以创新为特色的现代化综合性农业平台，集聚农业产业以求更好地发展。同时也加大传统农业的改造力度，将传统生产经营模式改造创新转化为更为精细更为强大的以市场营销为主的现代化经营模式，以促进产业市场行为的发展。优化盐城市农业产业结构，增加盐城市科技研发投入，增加技术创新投入，增加精细农业的研发提高其生产份额，通过农业产业集聚来培养开发一批自主创新竞争力强的农业企业。将农业与休闲旅游结合发展，并且发挥好盐城特色，如大丰的麋鹿、射阳丹顶鹤等，发展农家乐等以在盐城地区打造休闲农业产业链，以增长该地区的GDP。为提升土地能源利用效率必需要将粗放型农业改成更为精细的生产方式，以此保护生态环境的安全。依据盐城本地的资源特色，优化能源结构，增加绿色能源的使用。为保护生态环境安全，发展可持续经济关闭高污染高能耗的工厂，发展绿色能源的新兴产业，如东台发展海洋特色农业，大丰主攻海洋生物制药产业等这些都为土地产出率提高做出贡献，也进一步完善了土地生态安全。

7.积极转变观念，促进土地持续利用

在对盐城农业土地可持续利用时运用循环经济的理念，研究如何运用循环经济来合理利用土地资源，增加土地循环经济科研发展，挖掘土地的全部资源潜力，合理资源化农业土地利用对于改变土地利用模式有很大帮助，帮助提升农业产业等级和优化机构，有效提升农业土地资源利用，使资源及环境两者相互协调发展。采取一定的途径方法，比如提高农业生产准入标准等手段、措施以严格控制农业污染，做好处理农业和三废的工作，保护环境，发展绿色循环经济。

8.制定并实施农业土地利用优化方案

为优化盐城农业土地资源利用，可以通过优化宏观、微观两个不同层次的方案相结合来优化农业土地资源利用。比如可以在宏观上优化调整全部盐城农业土地资源利用。在不同优化方案之间存在优劣势互补，以利用不同层次方案的不同功能与特性来优化土地利用，从技术层面上帮助土地可持续发展。在关于农业产业调整发展时，要以人为本，大量听取民众的意见与建议，结合研究区域特性，发展对当地民众有益的农业经济。将只看数量的粗放利用方式转变为求精求强的土地利用方式，使土地综合效益最大化并想办法提高农业土地产出效率如运用生物措施、工程措施等。合理配置利用农业土地资源并调整完善农业土地资源利用结构。

9.合理规划滩涂资源开发利用

加强对盐城地区滩涂资源的合理利用，通过对滩涂资源的合理开发可以在一定程度上弥补农业土地上的不平衡。统一规划、开发和管理滩涂资源是盐城市的一项重要工作，在对滩涂的利用过程中必须要科学地遵循自然生态规律并按步骤逐渐实施开发管理，从政府和市场两个方面对盐城海岸带滩涂资源进行规划开发和管理。严格遵照国家农业发展纲要中所规定的60%用于农业、20%用于生态、20%用于建设的总比例要求，按照6∶2∶2的用地比例要求开发盐城沿海滩涂资源。在这一比例中，农业用地可以大力发展生态农业、观光农业、休闲农业等农业与旅游业相结合的产业，而生态用地可以用来建设自然保护区，最后因地制宜地对建设用地进行规划，如发展海洋有关高新技术及环保产业等。在滩涂资源的布局上，要注意土地间优势及劣势，做到优劣势互补，最终才能发挥一加一大于二的综合效益，使之利益最大化并大幅度提升滩涂利用开发的水平层次。

10.科学规划整理改造农田资源

为提高盐城区域土地安全水平、保证粮食安全要以保持相应数量质量的耕地为基础。利用农业产业的集聚效应以达到节约社会自然资源，使得农业产业规模化、产业化、机械化的目标，将高产良田的比例提升到40%以上。加大投入农业产业上科研资金，降低使用化肥农药的频率，保护农田生态环境，防治农田的污染退化。关于在农田里种植的农作物，要将政府和市场两种不同的手段相结合，使得粮食和经济作物的种植比例达到平衡。同时，关于土地资源利用类型要做到因地制宜，根据当地的特点量身定做合适方案，将农业废弃物变成可回收、可循环利用材料，做到物尽其用；对于农药化肥，要高效使用农药化肥，要科学适当的施肥；同时在农村地区加大生态农业的宣传力度，如严禁秸秆焚烧，实施秸秆还田，以肥料的方式补偿农田等。在盐城城乡接合部，可发展利润较高的特色农业，如观光农业、园艺花卉等。

11.积极实施农业土地生态功能区划

为使盐城农业实现综合效益最大化，可利用农业土地的特色，合理优化农业土地资源利用结构。在空间布局上，因地制宜地对各土地资源进行合理分配，如将林地、草地等生态环境要求低的土地利用类型更多地安排在生态环境恶劣的地区；科学合理地规划基础设施较为完善区域的农业用地，如将林地等缓冲地带安置在自然景观和人文景观之间。对于自然保护区如丹顶鹤、麋鹿保护区的中心区域可以适当扩大，以进一步保护生态环境，而绝不能作为其他土地利用类型来进行开发利用。在调整盐城市农业土地利用类型时，要结合当地实际以及原有传统农业类型，在原有基础结构上优化农业土地利用结构。同时，在优化调整过后要使农业产业形成规模，产生集聚效应，这样的安排不仅将各类型农业土地利用的优劣势进行互补，而且更方便人们的规模化经营与管理。

参考文献

[1] 陈建设，原玉廷.农村土地制度建设研究[M].北京：中国大地出版社，2000.

[2] 东野光亮.农村土地资源利用与保护[M].北京：中国建筑工业出版社，2010.

[3] 高向军.搞好土地整理 建设社会主义新农村[M].北京：中国大地出版社，2006.

[4] 郭建平.农村土地资源管理[M].北京：中国社会出版社，2006.

[5] 禾谷.农村土地管理与利用[M].北京：农业出版社，1989.

[6] 何茂文著.农村土地管理与经营[M].北京：中国展望出版社，1988.

[7] 李博婵.农村土地管理一本通[M].北京：中国社会出版社，2006.

[8] 李军，马三喜，胡国利著.农村土地流转法律问题研究[M].哈尔滨：哈尔滨地图出版社，2007.

[9] 李卫祥.农村土地整理[M].北京：中国社会出版社，2008.

[10] 刘芳.农村土地资源利用与保护[M].北京：金盾出版社，2010.

[11] 刘国春.农村土地规划与管理[M].成都：西南交通大学出版社，2005.

[12] 马怀礼，胡艳著.中国的城镇化[M].合肥：安徽人民出版社，2013.

[13] 潘明才，高向军；国土资源部土地整理中心编.土地管理基础知识[M].北京：中国人事出版社，2003.

[14] 濮励杰，彭补拙.土地资源管理[M].南京：南京大学出版社，2002.

[15] 石培基，潘竟虎，刘春芳，胡科.农村土地利用理论与实践[M].兰州：甘肃人民出版社，2011.

[16] 徐艳副.农村土地整治的理论与实践[M].北京：中国农业大学出版社，2012.

[17] 许月明等.农村土地管理政策与实务[M].北京：金盾出版社，2009.

[18] 姚元福.农村土地政策与管理[M].南昌：江西科学技术出版社，2014.

[19] 赵金龙.农村土地流转与征收[M].北京：金盾出版社，2011.

[20] 中华人民共和国国土资源部，国务院第二次全国土地调查领导小组办公室.中国土地资源与利用[M].北京：地质出版社，2017.

[21] 朱道林.土地管理学[M].北京：中国农业大学出版社，2007.

[22] 朱道林.土地资源利用与政府调控[M].北京：中国农业大学出版社，2011.

[23] 朱启臻.中国农村土地制度研究[M].北京：中国农业大学出版社，2006.

[24] 朱亚夫.农村土地规划[M].北京：农业出版社，1981.

[25] 曹灿.浅谈城镇化中的农村土地管理问题及优化措施[J].山西农经，2021（03）：63-64.

[26] 代玉萍，尹玲会.试谈农村土地流转与农民增收的关系[J].现代农业研究，2021，27（04）：17-18+130.

[27] 党国英.深化土地要素市场化改革[J].中国经贸导刊，2020（24）：33-35.

[28] 付晗茜.乡村振兴背景下农村土地利用问题探究——以河南省S县F村为例[J].农村实用技术，2020（12）：35-36.

[29] 龚樗钦.数字农业，下个十年[J].可持续发展经济导刊，2021（Z2）：120-123.

[30] 国金月.城乡融合背景下农村闲置住房盘活问题研究——以淄博市博山区为例[J].安徽农学通报，2021，27（14）：12-14.

[31] 郝淑丽.农村土地确权登记发证的难点及其对策[J].农家参谋，2021（04）：115-116.

[32] 胡一婧，时逸.平湖市 全域整治释放农村土地资源新活力 助推乡村全面振兴[J].浙江国土资源，2021（03）：62-63.

[33] 姜棪峰，龙花楼，唐郁婷.土地整治与乡村振兴——土地利用多功

能性视角[J].地理科学进展，2021，40（03）：487–497.

[34] 李梦琪，方梦林.城镇化背景下农村土地资源开发利用中的问题探析——以淮安市为例[J].农村经济与科技，2021，32（13）：21–24.

[35] 李楠，蔡萍，张建武.广州市城乡一体化的现状、问题及对策[J].南方农村，2020，36（04）：4–9+17.

[36] 李淑慧.土地经营权流转中存在的主要问题及保障对策研究[J].法制与社会，2021（14）：122–124.

[37] 李笑颖.加强农村土地利用规划，促进新农村建设工作[J].世界热带农业信息，2021（04）：72.

[38] 龙彬.面向甘肃乡村振兴的农村土地整治转型与创新思考[J].居舍，2020（30）：10–11.

[39] 马鸣远.城镇化背景下农村土地资源开发利用问题探析[J].农村经济与科技，2018，29（12）：12–13.

[40] 马晓玉.绿色农业种植技术推广策略分析[J].南方农业，2020，14（35）：48–49.

[41] 欧阳竹，邓祥征，孙志刚，龙花楼，张林秀，李发东，金贵.面向国民经济主战场的区域农业研究[J].地理学报，2020，75（12）：2636–2654.

[42] 潘清艳.新时期农村土地流转对农业经济的影响[J].经济管理文摘，2020（24）：79–80.

[43] 瞿国然.股份合作经营农业之我见[J].中国乡村发现，2020（01）：150–155.

[44] 宋光飞.我国农村土地复垦现状及改进策略[J].乡村科技，2020，11（26）：25+28.

[45] 王芳.乡镇土地管理存在的问题及建议[J].现代农业科技，2021（04）：258–259.

[46] 王晓岚.农村土地承包经营权确权登记颁证流程[J].农业工程，2021，11（06）：89–93.

[47] 王园.城镇化中的农村土地管理问题探析[J].山西农经，2021（09）：138–139.

[48] 王月.基于农村土地资源管理中存在的问题及改进对策[J].南方农机，

2021，52（03）：77-78.

[49] 辛思伽.探究农村土地利用与环境保护的问题与对策[J].资源节约与环保，2021（04）：38-39.

[50] 徐启龙.浅谈农村土地管理中存在的主要问题及对策[J].农村.农业.农民（B版），2021（03）：51-52.

[51] 杨少博.浅析乡村振兴战略背景下农村土地流转问题[J].大陆桥视野，2021（05）：76-77.

[52] 杨韵銮.新型城镇化背景下土地集约利用的标准化实践与探索[J].黑龙江粮食，2021（04）：67-68+70.

[53] 赵蕾，邓志勇.治土万顷 沃野千里 广元市自然资源局实施农村土地整治专项扶贫项目推动行业扶贫纪实[J].资源与人居环境，2021（02）：20-23.

[54] 赵小旺，杨婵玉.土地和谐度分析对提高农村土地利用效率的启示[J].农村经济与科技，2021，32（08）：9-11.

[55] 周永康，李佳佳.公平与效率互构：基于利益博弈的农村"三变"实践逻辑——来自重庆中益乡的经验[J].安徽农业大学学报（社会科学版），2020，29（06）：1-9+73.

[56] 左停.当前加强农村土地资源利用与管理的策略[J].人民论坛，2021（10）：63-66.